JN113147

# 「困っている」子どものこと一番に考えられますか？

発達障がい、不登校、元気な子…
すべての生徒に独自のインクルーシブ教育を

【改訂版】

東朋学園高校
東朋高等専修学校
校長 太田　功二

# はじめに——改訂にあたり

生徒は常に変化する。だから学校も変わり続ける必要がある——。

本書を読み進めて頂ければ、その理由がわかってもらえると思います。

本書は平成27年に初版を発行し、お陰様で多くの反響を頂くなかで、様々な教育関係者、特別支援教育に携わる方々との出会いもありました。一方で、初版発行から5年の間、本校も変化をし続けていました。

その一つとして、令和2年春に通信制高校「東朋学園高等学校」を開校する運びとなりました。まったく新しい学校を設立するにあたり、本書の内容も改める必要がありました。そこで、初版にはなかった「序章」を加えることで、高校設立の経緯を紹介しています。加筆に伴い、第1章以降も必要に応じて訂正を加えています。

本書の先頭にあえて最新の情報を紹介したのは、それ以降の内容をより深く読んでもらえると思ったからです。初版をすでに読んで頂いている方でも、ぜひもう一度最後まで一読頂くことを願います。本校が取り組む独自のインクルーシブ教育、合理的配慮ある教育について、その背景と根拠を知ってもらえると思います。

本書の「はじめに」として伝えたいことは、初版発行時から変わりません。しかし、この5年で不登校や発達障がいのある子どもたちへの関心はさらに高まりました。私が一貫して伝えたいことは、多様な子どもたちにどんな支援を施しても、それが「マニュアル化」されたものである以上、本質的な支援にはならないということです。

子どもが100人いれば、100通りの教育がある。教育の現場でも「個性教育」「インクルーシブ教育」「合理的配慮」というキーワードが目立ち始めました。しかし、それを本気で実践した私からすると、とても簡単に言えることではありません。なぜなら、世間で提唱される個性教育や特別支援教育を実践しても、それが東朋の生徒には当てはまらないからです。子どもが本当に必要とする支援とは、目の前にいる子どもも本人しか教えてくれません。「困っている」子どもたちへの本質的な支援とは、常にオリジナルでなければならないのです。

二〇一九年九月　　太田　功二

目次

## 第2章　本当に「できない」のか



## 第3章　高校の真似事



## 第4章　管理教育からの逆転

## 第5章　その子とどれだけ話したか



## 最終章　流れ続けるもの

# 序章　東朋学園高校　開校

## 高校設立

令和2年春に通信制高校「東朋学園高等学校」が開校しました。

私は大阪市天王寺区にある東朋高等専修学校の校長を務めています。専修学校とは、学校教育法第124条に定められた職業や生活に必要な能力を育成することを目的とした学校です(後注1)。しかし、東朋には不登校経験者や発達障がいのある子、やんちゃで元気のいい子、反対に大人しく人と上手にコミュニケーションを図れない子など様々な生徒が学んでいます。そうした多様な生徒たちが社会で自立できるようにと、東朋では職業教育だけにとらわれない、生徒一人ひとりのニーズに合った独自の教育を行ってきました。

一方で、通信制高校とは、学校教育法第1条に定められた高等学校の通信制課程を指します。教育内容も目的も高等専修学校とはタイプが違うものです。

東朋の母体となる学校法人岡崎学園は、平成28年に創立70周年を迎えました。70年以上の歴史を持つ学園が、ここでまったく違ったジャンルの学校を設立することは非常に大きな意味を持ちます。

東朋は、天王寺区で住職を営んでいた創設者の故・岡崎顯道《けんどう》氏が、戦後、焼け野原となった大阪市内の復興、とりわけ戦災未亡人や外地引揚者など、経済的な基盤を失った女性たちの自立支援のため、「コンドル洋裁女学校」という服飾系の学校を設立したことに始まります。その後は、時代の変化に合わせて商業系のコースを併設し、昭和61年には現在の東朋の前身となる「東朋モード工科専門学校」、平成2年には「東朋ビジネス工科専門学校」と名称を変更。そして、平成13年に現在の「東朋高等専修学校」となりました。

高等専修学校は、簡単に言うと中学校卒業者が入学する専門学校です。卒業をしても「高校卒業」の資格は得られませんが、東朋のように3年制を敷く高等専修学校の多くは、卒業すると大学入学資格が与えられています（後注2）。しかし、高卒資格へのニーズが高いのも実態です。そこで、高等専修学校のなかには、通信制高校と連携をして高卒資格を得られるようにする学校もあります。これを「技能連携制度」（後注3）と呼び、東朋も昭和59年から令和元年まで、東京の通信制高校と連携をしていました。

高等専修学校は全授業の3分の2を専門教育に充てるため、高校よりも自由度の高い柔軟な教育編成を組むことができます。しかし、高卒資格を得るには、カリキュラムのなかに高校の授業も組み合わせなければなりません。すると、ある程度カリキュラムに制限がかかり、柔軟な対応ができなくなってしまう場面が出てくるのです。

特にその影響を受けやすいのが、不登校経験などで基礎学力が定着していない生徒や、発達障がいや特別な支援を必要とする生徒たちです。そこで、東朋は平成19年に現在の「総合教育学科」を設立しました。この学科を特別支援教育の場と位置づけ、通信制高校との技能連携は行わず、1クラス10名の少人数制、習熟度別・進路希望別による細やかなクラス編成での指導を実現したのです。

そこから13年の間、高卒資格が得られる「普通科」、特別支援教育を行う「総合教育学科」という2本柱で運営されてきました。しかし、そうしている間にも生徒たちのニーズは常に変化します。

## 特別支援教育×高卒資格

普通科、総合教育学科にはそれぞれの目的や役割があり、良さやメリットもまったく違います。また、入学に際しては必ず2学科両方の見学をお願いしており、生徒は納得したうえで学ぶ学科を決めています。しかし、教育内容に魅力を感じながらも、高卒資格の有無という部分で判断が変わってしまうことがあるのです。本当は総合教育学科で学びたいのに高卒資格が得られないので普通科を選んだ生徒、あるいは別の学校を選ぶ生徒も当然います。

総合教育学科も技能連携をして高卒資格を得られるようにするという方法もありますが、実はそんなに単純な話ではないのです。

通信制高校で単位を修得するには、①レポート、②テスト、③スクーリング（登校）という3つの要件が必要になります。高校の単位修得を認めるためのものですので、当然それらは連携する通信制高校が用意します。連携校は、東朋とはまったく違った目的や理念を持った別の学校です。当然、レポートやテストは東朋の生徒を想定して作られていません。しかし、東朋には障がいのある生徒や基礎学力が定着していない生徒が多数います。そうした生徒たちは、どうしても東朋の教育の「範囲外」にある高校の学習で躓いてしまうのです。

それは内容の難易度ということではありません。具体的には、学習を進める以前の〝問われている内容がわからない〟状態です。例えば、漢字が読めない生徒がいます。設問が読めないので、何を答えれば良いのかわかりません。すると、学習の本質からずれていきます。聞かれていることがわからないと、目指す方向も見失い、学習意欲もどんどん低下していきます。

見方を変えると、漢字さえ読めれば学習は進んでいきます。そこで、実際に普段の授業では必要に応じて漢字にルビを振るなどの対応を行っています。これが「合理的配慮」(後注4)です。しかし、高校のレポートは東朋のものではないので、勝手に仕様を変更することはできません。

そうした実情があるなかで、もし高校の学習で合理的配慮ができれば、特別な支援を必要とする生徒たちでも高卒資格取得を目指せるのではないかと考えました。

実際に、他校が使用するレポート教材のなかには、様々な工夫が施されたものがあります。それらを東朋で採用することも考えられますが、結局のところ、その教材も東朋の実態に即して作られているわけではないので、「東朋の生徒のニーズ」そのものに対応しているとは言えません。やはり、生徒のことは自分たちが一番よくわかっています。だからこそ、東朋独自でレポート教材を作成する必要がありました。

これが、東朋が高校を設立する最も大きな動機です。さらに東朋の教育の土台にある独自のインクルーシブ教育、一人ひとりに合わせた合理的配慮のノウハウがそのまま高校に活かされることになれば、これは全国的にも非常に珍しく、新しい高校になるのではないかと思います。そうした高校ができることで、これまで東朋に魅力を感じながらも進学をあきらめざるを得なかった子どもたちをしっかりフォローできます。実際に、入学を迷う子どもや保護者たちを長年見るなかで、その方々が置かれた状況、切実な悩みを私は目の当たりにしてきました。

## 15歳で将来が決まる

障がいのある子どもの進路選択の一つに特別支援学校があります。入学希望者のなかにも、特別支援学校か東朋かで進路を迷う保護者や生徒がたくさんいます。

特別支援学校は障がい者の社会生活における自立を目的とした学校です。高校生と同じ学齢で入学する高等部は、基本的に就職を目指した授業が組まれ、生活訓練や職業教育が中心となります。卒業後、大学や専門学校に進学することは可能ですが、実際に進学をしているのは全体のわずか2・3％しかいません（平成30年度文部科学省調査）。つまり、現実として、就職を目指すという道に限られてしまうのです。

では、特別支援学校への進学を考える中学生の親の本音はどうでしょうか。子どもはハンデを持っているかもしれないが、まだ15歳で、この先どうなるかはわからない。ひょっとしたら大学で能力が開花するかもしれない、専門学校で専門性を磨けるかもしれない、と考えます。

そこで、高校への進学も視野に入れます。ただ、高校では特別支援学校ほどの手厚い支援は受けられそうにない。勉強についていける自信もない。15歳で、これからの将来に可能性を探りたい時期であるはずなのに、まるでもう道はないと言われたようで、多くの親たちが途方に暮れているのです。

そうしたなかで、発達障がいがあっても多彩な教育内容から自分の可能性を探っていける東朋の教育スタイルが、進路選択の狭間で悩む多くの保護者に受け入れられてきました。しかし、これまで高卒資格が得られるのは普通科だけでした。

今後、総合教育学科でも高卒資格を得られるようにするには、総合教育学科の生徒たちにも対応できる高校の学習を進めていく必要があります。それらは他の高校の先生にできることではありません。やはり東朋の生徒を一番よく理解しているのは東朋の職員です。自分たちが独自で高校を設立しない限り、それは実現できないことなのです。

## 通信制高校としての新たな価値

以上が東朋学園高校を開校するに至った経緯です。東朋高等専修学校は今後、同じ母体で同じ教育理念を持った高校「東朋学園高等学校」と技能連携をすることで、より生徒のニーズに合った高校の学習が実現されていきます。総合教育学科は、時間割のなかに高校のカリキュラムが組まれることになるため、当然これまで通りの教育内容とは変わります。そこで、技能連携を行わない「高等専修コース」を設けることで、これまでの教育と変わらない環境を残しました。技能連携を行うコースを「高卒資格コース」とし、総合教育学科は２コース制となったのです。

一方で、東朋学園高校は、東朋高等専修学校との技能連携だけが役割ではありません。高校は高校として、新たな入学層を見出します。

例えば、高等専修学校は毎日の登校が基本ですが、通信制高校の場合は、原則、年間20日間程度の登校が基準となります（後注5）。心身の状態など様々な事情で毎日通うことが難しい生徒でも、通信制であれば学ぶことができるのです。

## 東朋の教育システム（2020年度から）

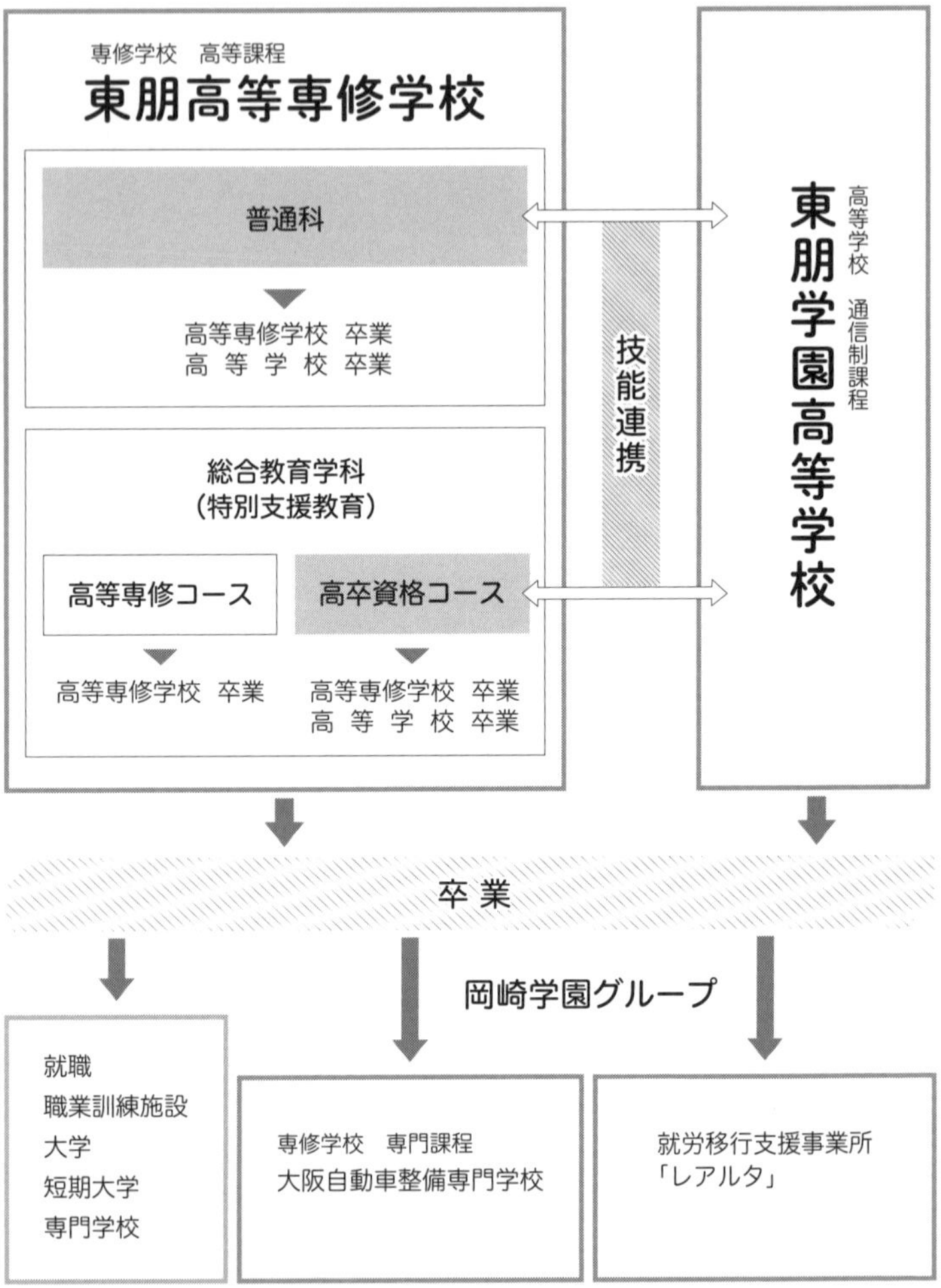
専修学校　高等課程
東朋高等専修学校
普通科
高等専修学校　卒業
高　等　学　校　卒業
総合教育学科
（特別支援教育）
高等専修コース
高卒資格コース
高等専修学校　卒業
高等専修学校　卒業
高　等　学　校　卒業
技能連携
東朋学園高等学校
高等学校　通信制課程
卒 業
岡崎学園グループ
就職
職業訓練施設
大学
短期大学
専門学校
専修学校　専門課程
大阪自動車整備専門学校
就労移行支援事業所
「レアルタ」

通信制高校そのものは、全国いたるところにあります。しかし、東朋は独自のインクルーシブ教育、合理的配慮を行うことができる高校です。そうした環境に魅力を感じて入学を希望する生徒や保護者は確実にいるのではないでしょうか。高校開校により、東朋が用意できる選択肢はさらに広がったのです。

しかし、生徒層が多様になれば、これまで以上に生徒のニーズも多様になります。そこに対応できるかどうかで、学校、教員の力量が問われます。レポート教材においても、特別支援教育に合わせた教材を一つ作れば良いというものではありません。選んだ学科、コースによって生徒層は変わります。クラスごとに違った種類の教材を用意する必要も今後出てくるはずです。ここまで実践する学校は東朋以外に類を見ないと私は思っています。しかし、それが実現できなければ東朋の存在意義もありません。

一方で、この数年間、東朋では高校設立ばかりに目を向けていたわけではありません。今いる生徒のこともしっかり考えていました。例えば、障がいのある生徒たちに対し、より手厚い支援を図るため、就労準備を意識した放課後等デイサービスを開所します。また、卒業後の進路を充実させるために、就労移行支援事業所も開所します。学園組織のなかに事業所を設置することで、東朋を卒業後さらに2年、合わせて5年間で生徒たちを支援できる体制を整えたのです。

現在、通信制高校は毎年のように各地で新設校が開校されています。実は同じ大阪府内でも、東朋以外に新たに複数の通信制高校が開校されます。それぞれに違った特徴を持った学校です。

しかし、東朋学園高校が行おうとする教育は、すぐかたちにできるものではありません。たとえ良い教育内容であったとしても、それを実践できるだけの力、土台、環境、考え方などがそろわないと、ただ聞こえが良いだけの、中身のない学校になってしまいます。

学園は、昭和21年の開学以来、70年以上にわたって常に「困っている」子どもたちに目を向け、学校の形態を変えながら、そのニーズに応えてきました。そうして脈々と受け継がれてきた支援の一つの形として東朋学園高校が生まれたのです。

ここにたどり着くまでに、決して一筋縄ではいかない様々な歴史がありました。なぜ東朋が特別支援教育を必要としたのか、なぜ不登校や発達障がい、大人しい子からやんちゃな子まで、多様な生徒がインクルーシブに学んでいるのか。次章からその理由を紹介します。

話は、私が東朋高等専修学校に赴任した平成9年の春にさかのぼります。

# 第1章　転んだときの起き上がり方

## 「困った」生徒、「困っている」生徒

平成9年春、私は教頭兼生活指導部長として現在の東朋高等専修学校に赴任しました。

それまで約8年間、私は兵庫県内でも特に「やんちゃな生徒が多い」とされる神戸の私立学校で高校生に保健体育を教えていたのです。問題行動が多く、毎日、教科指導よりも生活指導が中心となる教員生活でした。しかし、神戸の学校は平成7年に起きた阪神淡路大震災で校舎が倒壊します。その影響で学校運営が困難となり、閉校が決まりました。震災後の2年間は閉校の後処理や手続きに追われましたが、その後、知人の紹介で現在の東朋の前身、「東朋ビジネス工科専門学校」に招かれます。

当時の理事長、故・岡崎顯道氏の話では、東朋にも非行や問題行動を起こす生徒が絶えないとのことでした。私は神戸での指導経験を期待されていたのです。

しかし、実際に東朋へ赴任してみると、私が想像していたものと状況が違っていました。神戸の学校とは生徒の質が少し違って見えたのです。

「あの先生に突然怒鳴られた！　なんでやねん⁉　わけがわからへん」

東朋の生徒からは、問題行動の裏に「自信のなさ」が見えました。彼らが何かに「困っている」ように見えたのです。

どうしたら良いのかわからない――。彼らの目が、表情が、姿勢が、そんな言葉を訴えています。その「わからなさ」に彼らは苛立ち、再び問題を繰り返してしまいます。

当時、東朋は厳しい生活指導と校則で、そうした生徒たちを更生させようとしていました。しかし、その指導の多くが生徒自身に伝わっていませんでした。なぜ伝わらないのか。指導の様子をよく見てみると、教員と生徒の話が噛み合っておらず、上手くコミュニケーションが図れていません。教員が注意をしても、生徒は言われた内容を意図した通りに受けとめていないのです。私は、問題の背後に、目に見えにくい発達障がいが隠れていると気がつきました。

また、その頃から不登校の生徒も目立ち始めました。彼らもまた、「どうして学校に行けないのか」「どうして人間関係が上手くいかないのか」と様々な理由で「困っている」ように見えたのです。

しかし、当時の教員たちは生徒が発するＳＯＳに気づかず、頭ごなしに厳しい指導で対応するしかなかったのです。指導で話が通じない、理解してもらえない生徒は

「扱いづらい生徒」となりました。つまり、「困っている」ではなく、「困った」生徒としか捉えられていなかったのです。

東朋の抱える現状を目の当たりにした私は、赴任して間もなく、学校が早急な対応を迫られていると知ったのです。

## 大管理教育時代

１９８０年代に高校生の非行が社会問題となりました。学校現場は全国的に厳しい校則、生活指導を中心とした管理教育が主流となります。同時期、高等学校への進学率が９割を超え、各地で立て続けに新しい学校が設立されました。誰もが高校へ進学できる時代となり、学校経営は入学者の募集に困らなくなりました。そうした状況のなかで、「学校へ行けない子」は、素行に問題がある、不登校などで成績がつかない、発達障がいなどで特別な支援が必要とされる生徒へと移り変わっていったのです。

また、学歴重視の風潮が社会で強まり、全国で進学校化を図る学校が増えました。するると、管理教育の必要性はさらに高まり、教育方針も大学受験を見据えた知識偏重の詰め込み型教育へと移行していったのです。「困っている」生徒はますます学校の外へと追いやられます。

　しかし、東朋は当時から成績や生活態度に関係なく、様々なタイプの生徒を受け入れていました。すると、入学者のほとんどは「どこにも行く場所がなかった」生徒、つまり、他の学校で入学を断られた、指導に難しい子どもたちとなっていったのです。

　しかしながら、東朋は、どういう訳かそうした生徒たちに対しても、他の学校と変わらない厳しい管理教育、知識偏重型の教育を行っていたのです。これでは生徒の実情と学校の教育方針が上手く噛み合うはずがありません。

　例えば、中学校時代に不登校だった生徒は、東朋入学後にも登校が不安定になります。しかし、教員は頭ごなしに「学校へ来い」と言うだけで、出席日数が足らなくなれば、校則に従って進級をさせなかったのです。発達障がいの疑いがあっても、生徒の特性を気にせず無理な詰め込み教育を行い、それに対応できない生徒には、やはり校則通り処分が下されました。

　当然、退学者が絶えませんでした。卒業しても退学しても、「困っている」生徒たちは「困っている」状態のまま、社会へ送り出されてしまっていたのです。

## 「知識」よりも「知恵」を与える

何も支援を施さなければ、不登校の子どもは集団生活での自信を獲得できないまま大人になります。発達障がいの子どもは善悪の判断や良好なコミュニケーションスキルを獲得できないまま大人になります。彼らがその後、永遠に保護者の援助のもとで暮らしていければ良いですが、そんな夢物語は存在しません。彼らにも、必ず一人で生きていかなければならない日が訪れます。そのときのために、学校は、生徒たちと関われる間に「自立する力」を養ってあげなければなりません。

しかし、その「自立」を「転ばないように歩く力」と捉える人がいます。私はそうは思いません。どれほど転ばないように歩いても、人は必ずどこかで躓きます。自分ではどうすることもできない出来事にも見舞われます。本当に身につけるべきことは「転んだときに、どう起き上がるか」という再生力です。

詰め込み教育では「知識」しか身につきません。「知識」は図書館やインターネット、どこかに行けば知ることができます。では、彼らは安全に図書館まで行けるでしょうか。普段通い慣れた道が工事中だったら？　いつも通過する駅の改札が塞がり、別の改札からしか出られなかったら？　彼らはそこでパニックを起こし、立ち止まってしまう、他人に迷惑をかけてしまうかもしれない。

本当に必要なのは「知識」ではなく、緊急事態でも安心して対応できる、生きていくうえでの「知恵」です。つまり、転んだときの「起き上がり方」です。しかし、それらは勉強だけでは体得できません。「知恵」の体得には様々な「体験」と、心の通った「コミュニケーション」が必要だと考えます。

彼らが「知恵」を身につけられる場面をたくさん与えてあげたい。そして、様々な経験を通して、失った自信を取り戻してあげたいと私は考えました。

## 「不登校」「発達障がい」のための環境を整える

東朋高等専修学校は「普通科」「総合教育学科」の2学科を運営しています。「普通科」は、高等専修学校が担う専門分野の技術習得を中心に、多彩な選択科目から自分の可能性を拡げていける学科です。一方「総合教育学科」は、1クラス10名の少人数制で手厚いサポートが受けられるのが特長で、発達障がいの生徒も安心して学べる特別支援教育の場として平成19年に設立されました。

また両学科とも、指定科目のほかに、生徒が興味関心を持って自分の可能性を拡げていける選択授業を充実させています。また、年間を通したキャンプやイベント、実習などの行事が盛んに行われているのが学校としての大きな特長です。

不登校傾向のある生徒には「ほほえみクラス」や「ふれあいクラス」といった少人数制のクラスが用意されており、入学後、多人数のクラスに適応できなくなった生徒や自宅にこもりがちになった生徒でも安心して授業を受けられる場を設けています。さらに学校生活のなかで集団に馴染めなくなり、パニックを起こしてしまう生徒が一時的に避難できる場所として、「らくらくルーム」と呼ばれる二、三畳ほどのスペースを校舎内に確保しています。室内には柔らかい素材のクッション、心を落ち着かせるための音楽CD、エアコンも完備されています。

これらは、すべて短期間に集中して行われたものではなく、その時代の生徒のニーズに合わせて、一つずつ設置されていきました。その時々で、生徒たちの「困っている」部分に視点を向けた結果です。不登校であれば彼らが居心地良いスペースを、発達障がいであれば安心して成長できるサポートを。こうした発想で徐々に環境を整えていきました。

私は、平成18年に現在の校長職に就きましたが、実は赴任してすぐに前任の校長が体調不良で現場を離れることとなり、実質的には平成9年頃からすべての学校運営を任されていました。

学校改革を心に決めた私は、何よりも先に、東朋の管理教育を一掃することから始めました。頭ごなしの生活指導、校則に従うだけの方針を取りやめ、教員が生徒の声に耳を傾けることを徹底しました。

すると、生徒の変化と同時に、教員自身にも変化が現れます。それまで管理教育に縛られていた教員たちの心に余裕が生まれ、その余裕を感じ取った生徒が教員に心を開き始めたのです。教員が話を聞いてくれる存在になると、自ずとそこに人間同士の関係性が築かれ、これまで困難だった指導がスムーズに行き届くようになったのです。

カリキュラムは、知識偏重型の授業をやめ、より生徒の個性を引き出す内容へと変更しました。そこで、多くの教員が専修学校の教育内容を大きく誤解していたことがわかります。

当初、私が英語、数学、国語などの指定科目について、1週間の授業数の軽減を提案すると、複数の職員から「そんなことして問題にならんか？」と反発を受けました。当時、東朋は全日制高校と同じ授業数を設定していたのです。しかし、東朋は高校ではなく「専修学校」です。確かに、高卒資格を得るために通信制高校と技能連携をしていましたが、通信制高校は全日制高校に比べて授業数も出席日数も大幅に軽減できるはずです。しかし、そうした専修学校のしくみや通信制高校との技能連携などについて、現場の職員が正確に理解しておらず、あたかも自分の学校が「全日制高校」であるかのような錯覚をしていたのです。

そこで、私は専修学校が可能とする「自由な教育」を実践するため、最初に「自由選択科目」、現在の「エンジョイコース」をスタートさせました。金曜日の午後2時間を、生徒が自分の好きなことや取り組んでみたいことに充てられる時間としたのです。その内容は、釣りや映画鑑賞、山歩きなど、授業といった概念からはなるべくかけ離れたもの。当然「こんなのじゃ勉強になりません」と職員たちから反発がありました。しかし、そこで言われている「勉強」とは、あくまで「学力を上げるため」「大学へ行くため」のものでしかありません。自由選択科目の目的は、校外活動における社会性の獲得です。映画館に行くまでの行動計画、交通機関の利用、料金の支払い、鑑賞中のマナー。目的地へ行って帰ってくるまでの間に、普段の授業だけでは身につけられない多くの社会的スキルを学んでいけます。

そして、私が最も狙いとしていたのは、生徒に「学校が楽しい」と感じてもらうことでした。不登校傾向の生徒には、「学校に行きたい」と思えるきっかけを与えてあげる必要があります。学校に楽しいイメージを持ってもらえれば、普段の学校生活も頑張ろうと思ってくれるかもしれません。この時間を週の終わりに設定したのもそうした理由からです。

生活指導やカリキュラムの改善により、少しずつ生徒たちに変化が見られるようになりました。しかし、まだ一つ懸念されていたのが、発達障がいのある生徒への対応でした。東朋には特別支援のノウハウがありませんでした。そこで、これまで行ってきた教育とは別のかたちでサポートできる環境を整える必要がありました。そこで設立されたのが、現在の「総合教育学科」です。

総合教育学科は括弧書きで（特別支援教育）と併記されます。これは保護者や中学校の先生方に、東朋が発達障がいへのサポートを行うことを認知してもらうためです。しかし、障がいの有無によって入学する学科が指定されることはありません。必ず保護者や生徒本人が自分の特性や目的に合わせて、「普通科」「総合教育学科」どちらで学ぶかを判断してもらう方針をとっています。

東朋には、不登校、ひきこもり、非行、発達障がいのある生徒が多数在籍していますが、個々の課題や特性は十人十色です。そもそも、生徒をわざわざ「不登校」「ひきこもり」「非行」「発達障がい」といった言葉のタイプに分けてしまうこと自体、私には本意ではありません。本来、指導とは生徒一人ひとりによって異なるものです。生徒の声に耳を傾け、「困っている」部分に視点を向ければ、自然とその子にしかないサポートが見えてきます。だからこそ、私は生徒が１００人いれば、１００通りの指導が生まれると考えるのです。

本当の意味での「特別支援」とは、決して「特別な人」だけの支援ではありません。「特別な支援」とは、本来、すべての人に享受されるべきものだからです。

## 自分たちに何ができるか

「お前、今日なんで来たんや?」

「電車で来ました」

「いやいや、そんなこと聞いてんのとちゃう。お前、今、停学中やろ。それなのになんで来たんや！」

「いや、だから電車ですって！」

会話が噛み合いません。しかし、生徒とのこんなやりとりは日常茶飯事です。おそらく、こうしたエピソードを一つ一つ拾い集めれば、一冊の本ができるでしょう。あるときは、バイクを窃盗し注意された男子生徒が、翌日に自転車を盗んできました。からかわれているように聞こえるかもしれませんが、彼は「自転車を盗む行為」にまったく悪気を感じていません。

特別支援教育がまだ整備されていない頃、教員の多くがこうした生徒への指導に頭を抱えていました。教員たちは、まだ彼らを「変わった子」「困った子」程度にしか捉えていなかったのです。生活指導では、教員が言うことを「聞ける子」は良い生徒、「聞けない子」は悪い生徒という扱いとなり、教員は無意識に「聞ける」生徒だけに目を向け始めます。「聞けない」生徒は指導対象から外れ、そうして見放された生徒は学校で自分の居場所を失っていきました。

「聞けない」生徒たちは怒りと焦りから、教室でパニックを起こし、必要以上に憤り、再び問題行動を繰り返します。しかし、そこで待っている生活指導とは、校則に従っただけの処分。それは無意味な反省文の書き写しや、停学、退学であったりしたのです。

しかし、彼らはその後、どんな道をたどっていくのか。

現在、東朋で教頭を務める中田博隆先生が、私に次のような話を打ち明けてくれました。

中田先生は、東朋で最も長く、30年以上のキャリアを持つ古株の教員です。25歳で東朋に赴任しましたが、彼の教師デビューは決して華々しいものではありませんでした。

新任として初めて受け持ったクラスは新1年生。入学式を終え、生徒も中田先生自身も「これからだ」と意気込んで臨んだ矢先、一人の男子生徒が入学2日目から突然、登校しなくなりました。中田先生は何度も家庭訪問に出向きますが、何も打開策を得られず、彼はその男子生徒を進級させることができませんでした。

さらにもう一人、同じクラスに自閉症の男子生徒がいました。その生徒は、周囲に自分の気持ちを上手に表現できませんでした。同時に、字が書けず、一桁の計算も難しい、いわゆるＬＤ（学習障がい）も持ち合わせていたのです。

しかし、当時の中田先生には、彼を充分にサポートしてあげられるだけの力がありません。

「コミュニケーションが上手くいかないから、新任の私はおろか、ほかの先輩教員も彼をどう扱ったらいいかわからなかった。２年には進級できましたが、結局その後、退学していきました」

男子生徒は同級生にからかわれるようになり、学校で行き場を失っていたのです。

中田先生にとって、これほど屈辱的な教師デビューはなかったでしょう。彼は未だにこのときの出来事を忘れることができません。もともと、誠実で責任感の強い性格上、自分の指導力のなさや、それを補ってくれない周囲の環境に、強い歯痒さを感じていたに違いありません。

そして、中田先生はさらにもう一人の生徒について話してくれました。

「赴任してから数年後、新たに受け持った3年生のクラスに、ユウキ（仮名）という生徒がおりました。彼はコミュニケーションが取れても会話ができない、いわゆる自閉症の生徒です。彼は周囲が何を言っても『おう！』としか答えないんです。『今日はどうやった?』『おう！』『明日はどうや?』『おう！』」

そんなユウキは、無事に東朋を卒業します。それには大きなきっかけがあったようです。

中田先生は、担任を持って早々に、ユウキがどんな生活をしているのかと、彼の自宅へ家庭訪問に訪れています。そこで思わぬ収穫がありました。ユウキは筆談ができたのです。中田先生はその後、筆談を通して積極的にユウキとコミュニケーションを図り、親身なサポートにより彼を卒業させることができました。

卒業後、ユウキは進学も就職もせず、そのまま家庭に残りました。ご家族の方が無理をして社会に出す必要はないと判断したのでしょう。「自分たちが生きている間は、やれることは何でもしてあげたい――」こうした保護者の気持ちは痛いほど理解できます。

中田先生もその後はユウキと連絡を取ることがありませんでした。しかし、それから10年ほど経ったある日。中田先生宛に一本の電話が入ります。

「退職した同僚の教員からでした。『新聞見たか?』と。なんのことや? と思い、その元同僚が訳を教えてくれたんです。

大阪の住吉に路面電車が走っています。その日、線路を横断しようとした男性が自転車の車輪をレールに挟んでしまい、そこから動けなくなってしまった。抜こうにも上手く車輪が外れない。〝どうしよう〟ってなったところに、そのまま路面電車が走り抜けて行った。自転車に乗っていた男性はその場で命を落としました。30歳になったユウキです」

「SOSの出し方がわからなかったんですね――」中田先生は、そう付け加えました。何かほかにやりようはなかったのか――。

車輪がレールに挟まった瞬間の焦り、迫ってくる電車に気づいたときの恐怖、何もできない絶望感。親身になって関わったからこそ、その光景はまるで自分が体験したことのように目に浮かんだに違いありません。

ユウキの事故は、数ある事故の一つとして、時間とともに忘れられてしまったのかもしれません。事故の詳細は新聞に取り上げられたようですが、そこにユウキが自閉症であった事実は、果たして記事のなかに書かれたでしょうか。事故の背後にある、発達障がいを取り巻く社会的課題について、世間はどれだけ関心を持ったでしょうか。「『何かしてあげられることはなかったか』と、今でも後悔することがあります。特にキャリアを重ねるたびに、そうした想いが募ります。『今の俺ならこんなことを言ってやれるのに』と――」

もう二度と同じことを繰り返したくない。中田先生はそう胸に誓い、現在も東朋高等専修学校で勤務されています。

こうした生徒への指導は確かに大変です。同じことを10回言っても理解できない生徒もいます。それでも、教員である以上「可能性」を信じてあげなければなりません。100回指導して聞いてもらえなくても、101回目に理解してくれるかもしれない。その100回の苦労で、大切な人生を一つでも守ってあげられるなら。

実は、私が赴任して以降、新しい学校の方針に合わないという理由で、多くの教員が退職していきました。当時から現在までに残っている教員は僅かに数えるほどです。中田先生はそのうちの一人です。東朋での勤続年数は私よりも長く、私以上に東朋のすべてを見てきた唯一の先生です。

# 第2章　本当に「できない」のか

## 魔法の言葉

「この子らは、ほんま幸せやなぁ――」

恒例となった7月の「ラフティングキャンプ」。

1学期の終業式を終えて間もなく、毎年40名以上の生徒が徳島県の渓谷、大歩危峡、小歩危峡にやってきます。参加生徒のなかには、中学校まで不登校だった子、あるいは集団に馴染めず、前日まで「ほほえみクラス」や「ふれあいクラス」で別室登校をしていた子、やんちゃで問題ばかり起こす子、自閉症など発達障がいのある子などがおり、様々なタイプの生徒が一緒になって2泊3日をともに過ごします。

キャンプの目的は、共同生活を通して集団生活に慣れ、協調性や自主性を育んでもらうことです。また、自然に触れ、アクティビティを楽しみながら「できること」を増やし、失った自信を取り戻していく狙いもあります。

ラフティングはラフトと呼ばれる小型ボートで川下りを楽しむレジャースポーツ。もちろん、ほかのアクティビティに比べ、一歩間違えば命取りにもなりかねない危険なスポーツです。保護者から心配されることも少なくありません。ところが、そんな心配をよそに、ラフティング中、ボートは何度も川の上で反転します。生徒たちはその都度、必至で川からボートへ這い上がりますが、川の流れが変わるたびに、再びボートは横転を繰り返すのです。

自由時間には、元気のある生徒は物足りずに川で泳ぎ始めます。岩の上から飛び込みをする生徒もいます。しかし、それをとやかく言う教員は一人もいません。

その光景を見ていたインストラクターの男性が独り言のようにこぼしました。

「この子らは、ほんま幸せやな」

「何がですの？」

意外に思った私が聞き返すと、彼は真剣に答えてくれました。

「たいがいの学校さんは、やれ落とさないで欲しい、水をかけないで欲しい、泳がせないで欲しいと言いますわ。だけど、お宅の学校さんはそんなこと一つも言いませんね」

「何をしてもらっても結構ですよ。どんどんひっくり返してください。水もかけてやってください」

「それが『幸せや』っちゅうことです。今は何をしようにもリスクを恐れて『ダメダメダメ』ですよ。それでラフティングをしたって面白いことなんか何もない」「もちろん、危険なやり方はせんでくださいね。あくまで安全なルートでお願いします」

「任せてください。だけど多少の危険はつきものですよ」

「わかってます。それが勉強ですから」

ボートの上には生徒しかいません。普段は自分のことで精一杯な彼らでも、メンバーが川に投げ出されれば、自然とみんなで手を差し伸べます。そこで初めて他者という存在を意識し、彼らは「自分一人では生きていけない」あるいは「自分は誰かに必要とされている」という感覚を身につけていきます。

そうした説明を男性に加えると、彼も「へぇ、そんな生徒さんでも、そんなことができるんだね」と驚かれました。

「それが不思議とできるんですよ」

こうした学校行事は年間で約20を数えます。およそ1カ月に1回以上の計算になるのですから、他の学校に比べて多いことは一目瞭然です。ラフティング以外にも登山もすれば、自転車で100キロ近く走り続けるキャンプもあります。様々な場面で危険もあり、体力、精神力が試される瞬間も少なくありません。しかし、体験を終えた生徒たちに恐怖心や疲労感といった表情はほとんど残りません。

不登校や発達障がいというだけで、子どもの「できること」のハードルを勝手に決めてしまう大人が多いように感じます。例えば「パニックを起こしてしまう」という理由でプールなど水に浸かる行為を避けようとする人もいます。

発達障がいで言うと、健常者よりも得意とするジャンルもあります。登山などは、「歩く」といった特定の行為を繰り返し行う運動のため、一つの動作に集中しやすい彼らにとっては非常に相性が良いのです。そうした一つ一つをひも解いていくと、実は「健常者」と「障がい者」の間、あるいは「不登校」の生徒との間に、「できること」「できないこと」の差などは、ほとんどないとわかります。

子どもの「できること」「できないこと」のハードルは、往々にして周囲の大人や保護者が勝手に感じてしまうものです。また、そうした大人は、無意識のうちにそれを子ども自身に伝えてしまっています。入学相談に訪れる保護者のなかには「この子は計算ができません」「勉強はできますが、人と話すことができません」などと、あらかじめ「できないこと」を前提に話を進めようとする方もいます。悲しいことに、相談中、その会話を本人が横でじっと聞いているという場面もあります。

学校の教員にも同じことが言えます。教員は「コミュニケーションが上手く取れない」「言っても理解できない」と「困った」生徒を指導対象から外し、そのうえ、生徒が学校に通えなくなると「学校に来られない子」というレッテルを貼ってしまう。また、指導しようとしても、自らの教育力のなさに焦り、つい厳しい態度で生徒に接してしまいます。

周囲からのネガティブな言動により、子どもたちは自分の能力の限界を洗脳的に受け入れ、様々な物事に自信を失っていきます。学校に入学しても「僕は勉強ができひん」「大勢と一緒は無理や」といった言葉を頻繁に使うようになります。

しかし、彼らは本当にできないのでしょうか――。

私が川で黙々と釣りを楽しんでいると、一人の男子生徒が私の背後に近寄ってきました。彼は「総合教育学科」の生徒。自閉症を持っています。

「なんや?」

彼は照れ臭そうに俯きながら、何からどう話そうかと、言葉が出てこない様子。

「どうやった? ラフティング。おもろいやろ?」

私が声をかけると、彼はニコッと白い歯を見せながら答えます。

「うん、めっちゃ楽しかった。ありがとう」

「なんや、それが言いたかったんか？」

「うん、そうや。ほんまやで、先生。今日キャンプ連れてきてくれてありがとな」

嘘のように聞こえるかもしれませんが、これは本当の話です。今どき、高校生がこれほど素直に自分の気持ちを表現するでしょうか。

自閉症やアスペルガー症候群の多くは、自分の気持ちを上手く伝えられないため、人とコミュニケーションを図ることが苦手だとされています。また、曖昧な表現が苦手で、こちらの意図した内容を上手に捉えることができないとも言われます。しかし、それらは特徴の一つであって、それがすべてではありません。

彼らは「ありがとう」と言えます。気取らず、どこまでも自然に。

それは、彼らがほかにない「素直さ」を持っているからです。彼らは、楽しいときに全身で「楽しい」と表現でき、嬉しいときに心から喜べる能力を持っています。ときにその表現が直接的すぎて、トラブルを起こすこともあります。しかし、そこに思春期特有の「気取り」も「澄まし」もありません。だから、付き合う方はとても心地良い。一緒にいて楽しいのです。

例えば、自分の職場や友人にここまで澄んだ心で接してくれる人がいたら、あなたはどんなふうに感じるでしょう。その人が大好きになり、一緒にいることが楽しくなる。何かしてあげると必ず「ありがとう」と言ってくれるから、また何かしてあげたくなる。その人に何かトラブルが起こったとき、あなたは誰よりも先に手を差し伸べるかもしれません。将来、社会の一員として生きていくうえで、「ありがとう」と言える力は大きな武器になるのです。

## 「成功体験」と、それを与える「環境」

「困っている」生徒をフォローしていくうえで大切なのは、その子自身の自信を回復していくことにあります。

先にも述べたように、彼らは小さな頃からネガティブな言葉のなかで育ち、自分自身のハードルを決めてしまっています。著しく自己肯定感が低い状況にあるのです。そこで、私たちは彼らの根底にある自信のなさを回復させてあげることで、新たな可能性を見出し、成長へとつなげていきます。

その成長をサポートするには2つの要素が必要です。1つは「小さな成功体験の機会」。もう一つは、その機会を与えられる「環境」です。

「成功体験の機会」には、様々なポイントが挙げられます。一つは先に紹介した「ラフティングキャンプ」のような行事やイベント、体験授業です。こうした機会を通して、生徒たちはこれまで避けてきた慣れない集団生活、様々な物事へのチャレンジにより新しい自分を発見していきます。

また、普段の授業、生活指導、クラス活動もその一つ。生徒には日常生活のなかからでも小さなステップを踏ませてあげます。数学の授業で言えば、方程式は解けるのか、九九はできるのか、あるいは足し算引き算から始めていくのか。どんなレベルであろうと、まずはその子のできる部分からスタートさせ、その範囲を少しずつ広げていきます。資格や検定に挑戦するのであれば、始めは履歴書にも載らないようなものからでも良いでしょう。特にものづくりや絵画といった作品など、形に残せる内容に挑戦させてあげると、生徒たちはこちらが期待していた以上の実力を見せてくれます。そして、できたならしっかりと褒めてあげるのです。焦らず、ゆっくりと「できること」を増やしていきます。

生徒が自信を回復していくもう一つの要素である「環境」とは、その生徒が居心地良く、楽しく成長していけるよう、周辺環境や考え方、システム、方針などを整えていく、周囲からの配慮です。

例えば、学校の授業が生徒のできるレベルから始めていくためには、自ずとそれに対応できるカリキュラムが必要となります。「習熟度別授業」などは、今多くの学校で取り入れられるようになりましたが、その「習熟度」もどこまでの範囲が必要とされるのかを考えなければなりません。東朋の場合、理解度、進路別は当たり前。そのなかでも理解度はどこまでの程度なのか。卒業後の進路先、求められるスキルは何なのかまで考慮します。

学校としての方針にも配慮が必要です。例えば、漢字の書き取りに「継次処理」と「同時処理」という考え方があります。一般的な漢字の書き取りは「継次処理」と呼ばれるもので、一つ一つの書き順に沿って漢字を完成させる形式を言います。しかし、発達障がいのある生徒の多くは、この「継次処理」に伴う「書き順」を苦手とします。ただ、彼らは漢字を一つの「形」や「絵」として認識することが得意です。ですから、書き順はバラバラでも、その漢字をしっかり理解し、真似て書くことは可能です。これを「同時処理」と言います。

国語の教員のなかには「しっかりした順番で書いてください」と頑なに「同時処理」

を認めない方もいます。しかし、東朋の場合はこうした「方法」にはこだわらず、しっかり文字を表現できれば点数を与える方針を取ってきました。

このように既存の「方針」や「考え方」にとらわれ過ぎると、本来獲得できたはずの生徒の能力を逃してしまいかねません。ＬＤ（学習障がい）のある生徒などは、これまでにもこうした場面で苦労してきました。例えば、文章を読むことが苦手でも、耳で聞けば理解できるケースがあります。しかし、彼らは、これまで教科書が読めないという理由だけで学習機会が奪われ、本来理解できるはずだった内容を理解できないまま、学校生活で苦戦を強いられていました。

「できる」「できない」といった先入観にとらわれず、私たちは、その子が「どうすればできるようになるのか」といった視点で、生徒一人ひとりと関わっていく必要があるのです。

## 自信の回復

「自信を回復していく」という視点に立つだけでも、指導の幅は大きく広がっていきます。そのなかでも「特に効果が出やすいのが勉強」だと話すのは、「総合教育学科」で学科長を務める山田晃子先生。

「足し算や引き算でも、まずは小さなステップを踏ませてあげる。『こんなことしかできないんや』と思うのではなく、まずできることから始めていく。そこで、できたら『やれたやん！』と思いきり褒めてあげる。こうした繰り返しをしていくうちに、生徒たちは目に見えて自信を回復していきます。できることが増えていくのは、そこからです。

人間関係も同じです。いじめを経験している子であれば、少ない集団からでも何か一緒にできる機会をたくさんつくってあげます。そこで、ある程度関係性が築けたら、今度はお互いのダメな部分を言い合うような機会も与えてあげる。最終的には、それまでなかった踏み込んだ人間関係まで生まれていくんです」

自信回復や成長を促すサポーター役になるのは、教員だけではありません。一緒に成長しようとする仲間との関係も重要な役割です。

文化祭や季節行事など、クラスや学校全体で行動をともにする機会では、自然と生徒同士の話し合いの場や共同作業の時間が生まれます。コミュニケーションを図ることが苦手な生徒たちも、こうした時間を通じて少しずつ相手との距離感、伝え方、接し方を覚えていきます。また、キャンプなどの宿泊行事では、集団生活のなかでの役割分担が決められていき、そこで初めて「集団にとっての自分」を意識できるようになります。自分の「やるべきこと」が見つかると、責任感も育っていきます。

教頭補佐を務める藤井紗綾香先生は、こうしたイベントや行事に同行するなかで、日々積極的になっていく生徒の姿を実感しているようです。

「最初は与えられた課題を受け入れるだけだった生徒も、自信がついてくると自分から『こんなことしたい』『これに挑戦してみたい』と言えるようになっていきます。嬉しいのは、それが授業以外のところにも影響していく。例えば、それまで無気力だった子が、希望者だけが参加するような宿泊行事に手を挙げるようになります。実際に参加すると、その場でもさらに成長していけます。教員との距離はさらに深まるだろうし、新しい仲間も見つかるかもしれない。普段見せない一面も見せてくれたりして、『この子、こんなこと話せるんや』とか『こんなことに興味あるんや』というのがわかってくる。ですから、普段の授業ってすごく大切なんだなとも思います」

イベント後などは、まるで人が変わったように生徒は成長した姿を見せてくれます。入学当初は誰とも会話していなかったのに、いつの間にか、自分から積極的に友達に声をかけられるようになる。また、それまで無表情でいつも鋭い視線をしていた生徒も、どこかほわっと和らいだ表情で職員室に入室してくるようになります。そうした変化を見られるのは、教員としてとても嬉しい瞬間です。

「総合教育学科」の山田先生は、こうした変化が他者との関係にも良い影響を生んでいると話します。

「姿勢、立ち振る舞い、話し方。何か一つでも成し遂げていくと、そのたびに生徒は変わります。すると仲間への対応にも変化が現れて、例えば相手の性格に合わせて話し方を変えられるようになる。反対に、今までは上手く伝わらないとあきらめていたのが、自信がつくと、いったん持ち帰って『どうしたら伝わるんやろ?』と裏で作戦を練ったりするなど、自分から考えられるようになるんです」

山田先生の話からもわかるように、こうした機会は自主性と同時にコミュニケーション能力も育っていきます。

話が噛み合わない、伝わらないなど、コミュニケーションに一定の特性が見えても、先述した勉強と同じように、それを勝手に「できない」と判断してはいけません。「できない」のではなく、伝え方を「知らない」だけなのです。

山田先生と同じ「総合教育学科」で教鞭を執る清岡奈津子先生は、教員側の配慮次第で、さらに生徒のコミュニケーションスキルを広げていけると言います。

「確かに、その場の空気を読んだりすることが難しい生徒は多いです。ただ、そこで『相手の気持ちを推測する力をつけないといけない』という考えにとらわれる必要はありません。それよりも『自分も相手もちゃんと自己主張する』という力の獲得を意識的にやっていきました。話が伝わってないと感じるなら、『自分はちゃんと言いたいことを言いきれているだろうか』と振り返ってみる。逆の立場であれば、『ちゃんと話を聞けているだろうか』と。だから、私の場合、授業前などは時間を取って、『今はどんな気分か』という状態を全員に言わせたりもします。ちゃんと自己主張をして、他人の自己主張も聞く。そうすると『君の言ってる内容と、この人の言ってる内容が合ってへんな』とか、情報の整理ができるようになるんです。また、生徒が他人の気持ちを理解し始めると、次に何かトラブルが起こっても、自分たちで解決していこうとする力が生まれていきます。もともとは集団が苦手な生徒たちだったりするので、そういう部分を嫌がらずに頑張ろうとしてくれるのは私としても嬉しい」

勉強もコミュニケーションも、一つの工夫、視点の変化で、解決への糸口を見出せるはずです。しかし、「できない」という先入観だけにとらわれると、成長できるはずの多くのチャンスを逃してしまいます。

「できない」と感じるのであれば、「できる」ようにフォローしてあげる。聞けば「当たり前」と感じてしまうかもしれませんが、私たち大人がその意識を持ち続けるには、同時に子どもたちの可能性を信じる気持ちも持ち合わせていなければなりません。

## スタートの統一

白のチョークでびっしり文字が埋められた黒板。

さて、40名のクラスのなかに、あなたのお子さんが一人います。彼は先生が板書した文字をノートに書き写すことに必死です。彼は一文字一文字を追うのが非常に苦手。板書の書き写しすら満足についていけません。そして、彼がなんとか書き写そうとする途中で、授業は次の項目へと移っていきます。先生は数十分前に書いた右端の数行を黒板消しでバッサリ拭いとってしまいました。

そんな状況で授業はさらに進んでいきます。彼は自分が今どの部分を書き写し、授業はどの部分まで進んでいるのかがわからなくなってしまいました。黒板全体を眺めても、どこがスタート地点なのかがわかりません。

そのとき、何気なく黒板の横に目を向けると、一つの貼紙が彼の目に留まりました。

別の授業で出された提出課題のお知らせです。「あの課題、まだやってなかったな」「どうしよう」彼は焦ります。さらにその横に、『注意！』と書かれた別の貼紙があります。『家庭の授業は調理室で行います』。「あれ、これは昨日まではなかった貼紙だ」「家庭の授業って、今日のことかな？　それとも明日のことかな？」彼の不安はさらに募ります。

気が散り、いろんな情報で頭がいっぱいになったところでチャイムが鳴りました。彼は焦って残りの板書を書き写そうと試みましたが、日直がすぐにすべての板書を黒板消しで拭いとってしまったのです。真面目な彼は覚えている部分だけでも書きとろうとしますが、そうこうしているうちに次の授業のチャイムが鳴りました。気づいて周りを見渡すと、クラスメイトが一人もいません。みんな家庭の授業で調理室へ向かっていたのです。彼は心身休まることなく、調理室へと向かって行きます。

こうした毎日を自分のお子さんが学校で送っていると想像してみてください。調理室に遅れて行った彼は、教員から咎められ、他の生徒からは「アイツ変なやつ」と白い目を向けられるかもしれません。ここに一人でも彼の特性を理解してくれる教員がいれば、少しは状況が変わったかもしれません。

特別支援において私が特にそのノウハウを享受している大阪大谷大学教育学部教授の小田浩伸先生は、学校現場でのこうした支援を「ナチュラルサポート」と呼んでいます。特に小田先生は、その教えのなかで「スタートの統一」と「リスタートの機会」を強く訴えています。

例えば、小田先生は「『教室環境』と『集中力』は相関するもので、教室にゴミが落ちていたり、整理整頓ができていないクラスは授業が成立しないことが多い」と話します。

前の事例で言えば、黒板周辺には貼紙など余計なものを置かないのが鉄則。また、教員の工夫次第では、授業前に「今日覚えること」の要点を3つほど書き出し、それは授業終了まで消さずに残しておくなどの対応が考えられます。

また、こうした発達に課題のある子どもたちは、急な予定変更に対応できません。家庭の授業で教室移動が決まったのであれば、「○日の○時間目の家庭は○○で行います」とはっきり知らせる必要があります。念押しで事前に担任から「ここに知らせを貼っておきます」と報告しておく配慮も必要でしょう。つまり、「今日は○○をする」「今から○○を教える」「ここを見てください」という事前報告が必要で、「今、自分は何をすべきか」と、スタート地点へ生徒を誘導してあげることが大事なのです。

しかし、それでも集団で授業を進めていけば、自然と生徒たちの進度はずれていきます。そこで、授業についてこれなくなった生徒のために、途中でいったん手を止める、あるいは戻って同じ内容を繰り返すなど、「リスタート」の場面をつくってあげる配慮も大切だと言います。

こうしたナチュラルサポートを行ううえで最も大切なのは、その指示が、より「シンプル」で「わかりやすい」ものであること。一度興味を持ったり、気になることがあると、それを追求するまで気持ちを落ち着かせられない生徒もいます。そのため、余計なものに視点を向けさせない。「今はここ」と、はっきり見るべき部分、やるべき行動に集中させてあげることがポイントです。

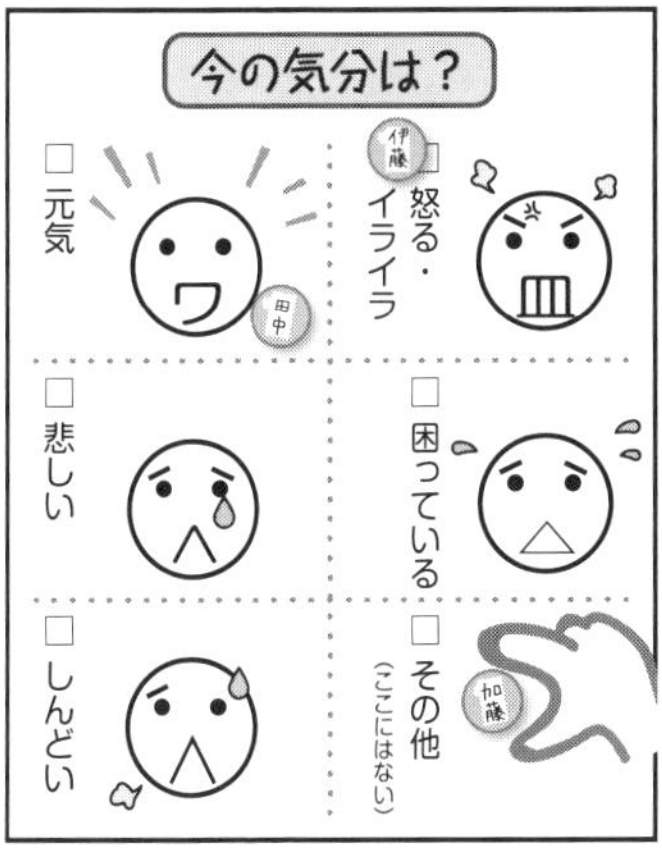

「総合教育学科」の教室で行われているサポートの一部。生徒は登校時に6段階の「今の気分」をボードに示す。

東朋でも、個々の教員がそれぞれのアイデアで「ナチュラルサポート」を実践しています。例えば、6段階の「今の気分」(元気、悲しい、しんどい、怒る・イライラ、困っている、その他)が書かれたボードを教室の壁に貼り、朝、生徒が登校した際に、自分の気分・状態を示す場所に名前の書かれた磁石を貼るといった工夫をしている教員もいます。これにより、生徒は自分の状態を周囲に知らせることも、他のクラスメイトの状態を知ることもできます。

こうしたナチュラルサポートも、一人ひとりの個性や特性に目を向けて初めてできるものです。日頃から子どもと接し、事情を把握した大人や教員がそれぞれ発見していくものかもしれません。今そのときに必要とされる支援がどのようなものか。日頃の子どもとの関係性が試されます。

## 区別と差別

誰しも大人になれば、社会との関わりを無視できなくなります。それは障がいのある子どもたちも同じです。

就労を選択すれば、仕事先には毎日出勤。職場の人とトラブルを起こすことなくコミュニケーションを図り、支払われた給料は計画的に使わなければなりません。

こうして社会で困らないためにも、私たちは自立力を養う多くの機会を提供していますが、それだけで将来への不安が消えるわけではありません。

ときには障がいであることを悪用され、犯罪に巻き込まれる事態も起こり得ます。また、自分では気づかずに他人に迷惑をかけたり、トラブルを起こしてしまうケースもあります。

私たちは、生徒の「困っている」部分をフォローすると同時に、善悪の判断も含めて、一般社会のルールに適応できる人間性も養っていかなければなりません。


ある日、一人の生徒の母親が、ひどく怒った様子で校長室へ飛び込んできました。

「校長、納得いきません！」

前日、ある問題行動を起こした生徒に停学処分が下されました。校長室へやってきたのは、その生徒の母親です。下された処分に納得がいかないと言うのです。

「うちの子には発達障がいがあるんですよ！」

「お母さん、それは知ってますよ」

「入学前にもちゃんと説明したじゃないですか。こういう問題は理解できないんだって！」

「それもちゃんと覚えてます」

「それを知っていて、なんでこんな処分なんですか⁉　この子は何も理解できないんだから、しかたないじゃないですか」

「お母さん、それは違います。障がいがあるから許されるなんてことはありません。将来あなたのお子さんが犯罪を犯したとして、それでも『障がいがあるので許して下さい』とでも言うんですか？」

たまに、こうした誤解を持った保護者に出くわします。もちろん、障がい者が犯罪などの問題を起こした場合、法律の世界では本人の責任能力などを理由に減刑や無罪になるケースはあります。ただ、学校の処分は法律とは違います。また、トラブルを起こしている以上、他人に迷惑をかけていることには変わりありません。もし、取り返しのつかない事態を招いてしまったら、生徒自身の将来にも大きな影響を及ぼします。そのためにも、善悪の判断をしっかりと身につけさせてあげないといけないのです。

「それから、お母さん。僕らはお子さんが『理解できない』とは思っていませんよ。そんな前提で指導してません。こうした問題は大切なことだから、今理解できなくても、理解できるまで教え続けますよ」

私たちは発達障がいの生徒に対してできる限りの配慮を行っていますが、それと必要とされる指導は別です。特に生活指導は発達障がいであろうと健常であろうと、同じように扱います。場合によっては、停学や退学もあります。

それは、私たちが生徒を「区別」しても「差別」しないからです。

一人ひとりに合った指導や支援をしていくなかでも、「社会性の育成」はすべての生徒に共通するもの。当然、人としてやって良いこと、いけないことの指導も、すべての生徒に共通します。これを「発達障がい」という理由で許してしまったら、障がいを「差別」していることと同じになります。

こうした「区別」と「差別」の違いは、大人になるほど鈍感です。

例えば、東朋の「普通科」と「総合教育学科」の大きな違いの一つに、1クラス当たりの生徒数があります。「普通科」は1クラス30名程度に1人の教員。一方「総合教育学科」は1クラス10名に1人の教員の配置です。もともと「総合教育学科」は発達障がいの子でも安心して学校生活を送れることを目的に設置されていますから、こうした環境を見て、大人の感覚なら「区別」と捉えるかもしれません。しかし、生徒たちの目線は違います。

「普通科」の生徒からすれば、「総合教育学科」の生徒を「あいつらはズルい」「甘やかされている」と感じることもあります。彼らはとても「平等」や「不公平」に敏感です。しかし、こうした意見も一つ正論と言えるでしょう。反対に「総合教育学科」の生徒にとっては、こうした批判が、自分の置かれている状況を客観的に知る機会にもなります。2つの違った環境が存在することは、両者にとって決して悪いことではありません。

いずれにせよ、それが「区別」なのか「差別」なのかといった意識を周囲の大人は常に持っておくことが大切です。

もちろん、これまでに述べた「できること」「できないこと」の勝手な判断も、こうした「差別」から生まれてしまっています。

## 自分は何者か？

発達障がいのある子どもをサポートするために設立された「総合教育学科」は、設立からおよそ3年後に運営が軌道に乗り始めました。この頃から、少しずつ東朋の新しい教育が各方面に認知され始め、全体の入学者数も年を追うごとに増えていきます。初年度1クラス7名からスタートした同学科も、年々空き教室を埋めていくほどの状況となり、現在は18クラス177名にまで在籍者が増えています。

また、あわせて「普通科」への入学者数も増えました。これは2つの学科の存在が良い相乗効果をもたらした結果だと言えます。

少し経営的な話になってしまいますが、そもそも「総合教育学科」を設立できたのは、「普通科」の存在があったからです。学校運営の側面からすれば、「普通科」の運営が安定していたからこそ「総合教育学科」を立ち上げることができたのです。「総合教育学科」だけでは運営は成り立ちません。

また、始めるからには充分なサポート体制が必要でしたから、「総合教育学科」は生徒10名に対し教員1名という体制を設定しました。しかし、クラス運営は1クラス30名から40名に対し教員1名が一般的。当然「総合教育学科」の設定では経営的に採算が合いません。

さらにもう一つ、たとえ「普通科」の運営が安定していたとしても、新たに特別支援の学科を設けるとなると、「発達障がいの子がいるなら入学はよそう」とする層が出てくる危険性があります。一般の私立学校が特別支援のコースを設けるには、こうした多くのリスクを覚悟しなければならないのです。

これほど社会的に発達障がいへのサポートが必要視されているにもかかわらず、全国の学校で対応が遅れてしまっている背景には、このような理由があります。しかし、なぜ、東朋は安定したかたちで2つの学科を運営できているのか。

それは、保護者にとって東朋の存在が進路の選択肢を広げたことにあります。

全国には各地に特別支援学校が存在します。

特別支援学校は、過去には「盲学校」「ろう学校」「養護学校」といった種別に分けられていましたが、2007年から「特別支援学校」として統一されました。特別支援学校は障がい者に対する手厚い指導が特長です。東朋の「総合教育学科」が1クラス10名に1名の教員配置に対し、支援学校は2名から3名の教員が配置されます。しかし、支援学校は職業訓練や社会生活上のスキル向上が教育の主な目的となるため、一般的な学校としての充実感に少し物足りなさを感じてしまうケースもあるようです。

一言で「発達障がい」と言っても、その範囲は広く、重度の知的障がいなどと違い、日常的なコミュニケーションが可能なケースもあります。いわゆる「グレー」と呼ばれるような存在です。

私たちは、その人の言動から勝手に「発達障がい」だと決めつけてしまいがちですが、中学生や高校生といった成長過程にある生徒や保護者にとっては、まだ「自分は何者か?」と自らの状態に迷う時期でもあるのです。検査を受けて、療育手帳を取得されていれば別ですが、そうしたケースはあまり多くありません。保護者が子どもに対して「発達障がい」だと認知していないケースもあれば、自分の子どもが他人と違った特性を持っていることに薄々気がついているケースもあります。そうした状態で進路の時期を迎えた保護者は、自分の子どもを一般的な学校に入れるべきか、それとも支援学校に行かせるべきかと判断を迷います。

東朋を希望する保護者のなかには「履歴書に『特別支援学校　卒業』と書かせたくない」と仰る方もいます。こうした考えの善し悪しは抜きにして、これらは現実と向き合う保護者のリアルな声だと私は理解します。

つまり、これまで、発達障がいやその疑いのある子どもを持つ保護者の選択肢は、少し厳しくても普通の学校へ通わすか、それが駄目なら特別支援学校へ通わすかという道筋しかなかったのです。しかし、その二者択一は保護者にとっては非常に難しい判断を強いることになりました。そのため、東朋のように柔軟な選択肢がある場所は大変貴重なのかもしれません。

当然、より手厚い指導を求めるのであれば、多くの保護者が特別支援学校を選択されます。反面、東朋は支援学校ほどの手厚いサポートは現時点ではできませんが、そのぶん、多くのイベントや行事に参加でき、そこで健常児とのコミュニケーションも育めます。また、高校卒業の資格が得られる道筋も見えてきます。そのため、自分の子どもに「学校生活を楽しんで欲しい」「仲間をつくって集団に慣れて欲しい」「いろんな体験をして欲しい」と思う保護者は、東朋を選択されます。

以前まで大阪府内の特別支援学校で勤務されていた清岡奈津子先生は、こうした状況を次のように推測します。

「なかには発達障がいの診断を受けて、療育手帳を取っているのに、東朋を選んで入学してくる生徒もいます。『理由は何？』って聞くと、例えば自分の住んでいる土地から離れてみたかったとか、電車で学校に通ってみたかったとか。『いろんなことに挑戦してみたい』『学校行事がすごい楽しみや』と話す生徒もいます。支援学校でも習熟度別授業は行われているし、行事や体験授業もあり、内容や目的も東朋と共通する部分は多いです。ただ、支援学校も年々生徒の数が増えてきて、そのぶん外に出るような活動が精選されていきました。行事や課外活動が減っていく傾向にあったんです。

東朋はラフティングなど思いきった活動もやりますが、こうした体験機会は支援学校に限らず、どこの学校さんでも避ける傾向にあります。責任の問題もあるのでしょうが、それ以前に体験の機会がとても減っている。以前もミカン狩りに行きましたが、農園の方も『最近は来なくなった』と嘆いていました。一般の高校が『勉強勉強』という風潮になり始めているのと同じように、支援学校でも『就労支援』が色濃くなってきているようです。それはそれで大事なことなのだけれども、一方で保護者の方とお話をすると、『うちの子は小中学校で友達ができなかった。それがこれから生きていくために心配なんや』という話も聞きますので」

特に関西地域は「親の会」などが盛んで、全国的に見ても、保護者の方は不登校や発達障がいなど、子どもに関わる問題に非常に勉強熱心だと言われています。東朋に相談に来られる保護者の方々も、自分のお子さんの状況を事前によく理解されているケースが多く、「この子の将来のために、どんな教育が必要か」を常に考えていらっしゃいます。

そうしたなかで、東朋には「普通科」もあり「総合教育学科」もあります。入学後に適性が変わっても、途中の学科変更が可能です。「障がいはあるが、支援教育は避けたい」「だけど一般の学校は不安」と思っても、特別支援の体制が整っている東朋であれば、「普通科」に通わせても安心できる。障がいがある、なしに関係なく、こうして柔軟に対応できる東朋の存在は保護者にとって希望の光になったのかもしれません。

もちろん、これがただのシステムだけの話であれば、学校として安定した運営を継続していくことはできません。最終的に大事なのは中身、つまり実際に実践されている教育内容です。

## 痛みを理解し合う、「嫌じゃない」距離感

東朋のように「自立する力」をテーマに教育活動を行う学校は全国にたくさんあります。しかし、東朋が実践する教育で、他の学校と最も違う点は、「知識」よりも「知恵」を教え、「転んだときにどう起き上がれるか」を身につけるという視点に立って教育活動を行っていることにあります。それは、いくら教室のなかで実習を繰り返しても実現できることではありません。簡単に言えば、学校で行う実習は基礎であり、体験はその応用です。様々な体験を通して、生徒たちは学んだ「知識」を「知恵」に変えていくのです。

しかし、ただ闇雲にそうした機会を与えているだけでは意味がありません。

例えば、「総合教育学科」の清岡先生は、体験や学習機会を与える教員側の意識の持ちようも大切だと指摘します。

「生徒に基本的なマナーについて聞くと『だいたい知っとる』と答えます。だけど、

実際の様子を見ていると全然できてない。『問題は、知っていることじゃなくて、あんたが今できているかなんやで』とよく話すのですが、でも、普段、彼が真面目に勉強していないわけではないんです。問題はこっち側の理解力やな、と思いました。つまり、その子が一生懸命勉強しても、その意味を教えている教員自身が理解していないと、それを社会で通用できるスキルにまでもっていけない」

つまり、指導がセオリーやマニュアルだけで行われてしまうと、教員は教えたことだけで満足してしまい、生徒たちが本質的な部分で理解できたかという視点を見失ってしまうのです。教員自身が、どういう意図でその教育を行っているのか、それを生徒の視線に立って理解し、指導することが大切です。

また、こうした本質的な指導について清岡先生は「相手をする教員と同様に、周囲の生徒たちも含めた環境がそろうことも必要」だと強調します。

社会で活用できる応用力とは、決して個人だけでは身につけられません。周囲との関係性が生まれて初めて社会性を獲得できる機会に恵まれます。そして、関係する教員の理解力、一緒に成長しようとする仲間といった「環境」が整うことで、個人はさらに成長していけます。

特に仲間との関係は大切です。東朋の場合、各行事や社会見学、「エンジョイコース」

などは、学年学科の枠を超えて全校生徒が交流します。「普通科」「総合教育学科」の生徒が一緒になり、発達障がい、健常、やんちゃ、不登校が、同じ空間で同じ時間をともに過ごすのです。特に「エンジョイコース」は、生徒が自分で好きなジャンルを選択するため、「普通科」の生徒も「総合教育学科」の生徒も興味関心という部分では事前に共通し合える土台があり、関係性が生まれやすいシステムになっています。

しかし、特に「普通科」の生徒のなかには、見た目が派手で、教員への言葉遣いが荒い子もいます。いじめを経験した生徒にとっては一番苦手なタイプです。「総合教育学科」には過去にいじめを受けてきた生徒も多く、彼らはこうした時間でやんちゃな生徒たちとも関わっていかなければなりません。

清岡先生が担任を受け持つ「総合教育学科」のクラスでも、最初は多くの生徒が「普通科」の生徒と関わることに嫌悪感を示すようです

「『普通科と一緒は嫌や』とはっきり言う子もいます。反対に普通科の子のなかにも同じように思う子もいるようです。そこで、ちょっとしたトラブルや行き違いも起こります。だけど、そうした機会を一つ一つ乗り越えていくうちに、お互いがお互いを理解して、徐々に一緒にいることが気にならなくなるようです」

実際にトラブルが起きたときなどは、「総合教育学科」の生徒が持つ特性について「普

通科」の生徒に事情を説明します。その際、彼らも「なんや、そういうことならわかった。ごめん」と素直に話を聞き入れてくれます。「普通科」の生徒たちも、それぞれがいろんなつらい経験をして東朋へ入学してきます。そうした生徒たちは、タイプは違っても不思議なほど相手の痛みを理解できるのです。行事や体験授業など、様々な生徒が交わる場面では、ときに発達障がいのある生徒がパニックを起こしたり、予期せぬ行動を起こすことがあります。しかし、多くの生徒が上手な距離感でそれを優しく見守ります。もちろん、新入生のなかには、まだ理解のない言動をしてしまう生徒もいます。しかし、指導を行うと、意外と素直に理解を示してくれるのです。

トラブルや行き違いも、他者を理解する貴重な機会です。その機会も東朋のように多様なタイプの生徒を受け入れている体制がなければ成し得るものではありません。そして、何度もぶつかり合いながら、お互いが心地良く過ごしていける距離の取り方を生徒たちは自然と身につけていくようです。なお、清岡先生は、生徒の何気ない一言から、障がいのある生徒や不登校生徒がともに学校生活を過ごしていける大切なヒントを得られたようです。

「最終的に『一緒にいて嫌じゃない』と言ってくれました。そのとき、この『嫌じゃない』という関係がとても大切だと思ったんです。もちろん心を分かち合った友達にまでなってくれるのが理想と言えば理想ですが、そこまでいくのはなかなか難しい。それよりも『なんか一緒にいるわ』くらいの感覚。それは社会に出て他者とコミュニケーションを図るうえでとても大切なスキルだと思うし、お互い嫌な気分ではなく、自然と一緒に過ごせている状態というのはとても良いなと思います」

障がい者との関係だけで言えば、世界的には平成18年に「障害者の権利に関する条約」が国連総会で採択され、日本も翌年、条約に署名し、平成26年に発効されています。この条約を受けて、日本の中央教育審議会は平成24年に「共生社会の形成に向けたインクルーシブ教育システム構築のための特別支援教育の推進（報告）」をとりまとめています。ここで言う「共生社会」とは、障がい者等が今後、積極的に社会の一員として関わっていく「多様な在り方を相互に認め合える全員参加型の社会」のことを言っています。つまり、これからの日本には、障がいのある子どもとない子どもが同じ場で学び、一緒に社会で共生していくことが求められているのです。しかし、そのためには、障がいのある子どもへの支援教育と同時に、障がいのない子どもが、障がいのある子どもの特性を理解し、相互が認め合いながらコミュニケーションを図るスキルを獲得していくことも必要になっていきます。

ただ、障がいの有無に関係なく、より普遍的に「違いを認め合う」意識を持つことは、どんな社会でも必要とされます。

社会に出れば、子どものとき以上に様々なタイプの人たちと関わります。仕事ともなれば、たとえ自分と相性が合わなくても、否応なしにコミュニケーションを図っていかなければなりません。東朋の共生教育は、いわばそのときのための準備期間とも呼べるでしょう。清岡先生が話したように、無理に仲良くなれなくても「嫌じゃない」と思える関係性になれば、それだけでも一つの成長と言えます。それは自分以外の他者を認められた証拠だからです。

例えば、偏差値など一定の評価レベルによって生徒が集められた環境では、自分と違ったタイプの生徒と出会う機会もそれだけ減っていくでしょう。

そのことを考えると、東朋のように多様な生徒が集まる学校で育った生徒たちは、今後訪れる新たな「共生社会」のリーダー的存在を担うかもしれません。また、一般社会においても、他者の痛みが理解できる貴重な存在となり、視野が広く、バランスの取れた考えを持てる大人になってくれるはずです。

## 「関係性」が与えるもの

ここで一つ、こうした「環境」や「関係性」によって生徒が成長できたエピソードを紹介します。

以前まで「総合教育学科」でクラス担任を務めていた林誠廣先生は、大阪大谷大学の小田浩伸教授のゼミで特別支援の基礎を学びました。在学中にボランティア活動の一環で東朋を訪れ、その縁で、卒業後、教員として東朋へ赴任してきました。

林先生が1年生の担任をもったある年、クラスにシュウイチ（仮名）という、やんちゃでトラブルばかり起こす生徒がいました。普段から攻撃的な言葉遣いが多く、それまでにも林先生とは何度も激しく言い合いを繰り返していました。

もともとシュウイチは、とても優しい心の持ち主で、先生が荷物を運ぶ際にさり気なく手伝ってくれるなど、気配りのできる生徒でもありました。しかし、彼は小中学校まで、その個性の強さから学校の先生に叱られることが多く、そのため自分に自信を失っていたのです。中学時代には自らの意思で不登校となりました。東朋に入学してからも彼の自己肯定感は著しく低く、上手くいかない対人関係など、「できない自分」

に苛立ち、トラブルを繰り返すのでした。彼の指導をどうするべきかと考えをめぐらした林先生は、翌年、ある方法で彼の意識を変えようと試みます。

ここでは、そのエピソードを忠実に再現するため、少し長文ですが林先生の言葉をそのまま書き出したいと思います。

「総合教育学科には障がいのある生徒がいますので、生徒間でもコミュニケーションが上手く成立しないことがあります。シュウイチはそうした点で、話が噛み合わないクラスメイトに物凄く腹を立てておったんです。

そのとき、別のクラスにマサル（仮名）という知的障がいと自閉症を持った生徒がおりました。レベルで言うとA判定を受けている子で、人から話しかけられてもなかなか反応ができない。そのため、シュウイチとは、たまに授業が一緒になると、よくトラブルになっていました。そこで僕は、彼らが2年生に上がる際、2人をあえて同じクラスにしてみようと思ったんです。

実は、シュウイチは学期を追うごとに少しずつ他者との距離感を掴めるようになっていた。それまで誰かれ構わずガンガン話しかけていたのが、『今行ったらあかん』

とか、そういう配慮を覚え始めていたんです。マサルと関わることで、もっとその部分を成長させていけるんじゃないかと。

だけど、最初は全然ダメでした。休み時間になると、やはりシュウイチはマサルの後ろをウロチョロして何か話しかける。当然、マサルからは何も反応がないから『無視すんな！』だとか『腹立つわ！』だとか暴言を吐きます。だけど、後半変わったなと思ったのは、僕がそれを注意したら『そうか』と、妙に納得してくれたんです。もう少しやなってところでした。

そんなあるとき、僕は『人に対しての話し方』というような授業をやったんです。そこで思いきってマサルのことをみんなに話した。『みんな、わかってると思うけど、マサルは話も入りにくいし、突然手を叩いて大きな声を出すこともある。だけど、それがあいつなりの落ち着き方やねん。それをまずわかってくれるか』と。

当時、クラスではシュウイチ以外にも多くの生徒がマサルへの対応に戸惑っていました。『あいつ、なんやねん』と口に出す生徒もおった。ただ、それは彼の持つ特性であって、仕方のないこと。コミュニケーションを取るには、こっち側がなんとか理解してあげないといけない。それをみんなに伝えたかった。また、僕は『別にマサルを特別扱いせぇ、とは言わん』とも言いました。ただ、言い方によってマサルは聞いてくれるときもあれば、まったく聞けへんときもある。そこで『それは先生が答えを出せるものじゃないから、君たちで考えて接して欲しい。もちろん失敗してもええ。失敗したら次にどうしたらいいかを考えたらええと思う』とクラスに提案してみたんです。

するとクラスのマサルへの言葉がけが大きく変わっていきました。『今はダメ』『今は片付ける』。まず、生徒たちは、わかりやすくシンプルに伝えるということに気がついた。また、驚いたのは僕でも気づかなかったようなマサルの個性を、生徒目線で発見してきたんです。例えば、あるとき生徒から『先生、マサちゃんの好きな食べ物って知っとる？』と聞かれました。『何なん？』『キュウリやで』。ほかにも『マサちゃんって、図鑑持っているんやで』とか。マサルの個性を生徒が引き出したんです。ちなみに、この頃からクラスメイトはマサルのことを『マサちゃん』と愛称で呼ぶようになりました。それから、たまに『あれ、マサルどこ行ったんや？』と僕が聞くと、ある生徒が『今トイレ行っとる』と答えるようになった。クラスが日頃からマサルを気にかけるようになった証です。

あんまりサポートし過ぎると困るから『やりすぎんといてな』とも伝えました。『怒るときは怒ってもええんやで』と。だけど、それを言ったらみんなポカンとしはった。

まだ彼らには難しいのかもしれない。やっぱりマサルも大人になるためには、自立していく力を自分で身につけていかなければなりません。『そこんとこは、最低限のサポートでええよ』ということです。

さて、シュウイチですが、そうしたクラスの変化に影響されて、彼自身も変わっていきました。よく注意して見ると、マサルへの接し方がこれまでと全然違う。それから、もともと責任感の強い子でしたから、クラス全体を気にかけるようにもなった。後半からは、僕からクラスのことを彼に任せるようになりました。僕が何かで外出する際に『ちゃんとクラスを見といてくれな』とシュウイチに頼む。帰ってくると『先生、大丈夫です』と、隅から隅まで１００％見ておいてくれる。いつだったか、外出での移動中に一瞬、クラスからはぐれてしまった生徒がおりました。シュウイチはその子を引っ張って連れ戻そうとした。別に引っ張らんでもって思うけど、そういう一生懸命な気持ちが彼のなかで芽生え始めていったんです。

シュウイチ自身、ずっと変わりたがっておりました。それまではずっと怒られることしか経験してこなかったから、自分に自信がない。『俺なんて何もできひん』というのがいつもの口癖。僕が『お前、変わりたないんか？』と刺激しても、『自分は絶対変わられへん』と言ってました。僕とは何度も真剣に話し合いました。『人間なんぼでも変われるで。だけど、それは先生がやれることやない。俺はお前の背中を押すことしかできへんのや。変わるのは自分なんやで』

その度にシュウイチは何度も泣きました。『この子、本気なんやな』と僕は思った。だから助けてあげたかったんです。

2年の終わり頃には、授業態度も姿勢もみんな変わっていきました。自分でやる気になったというのもあるんでしょうけど、やっぱりマサルとの一件は大きかったです。自分のなかに余裕が生まれたんでしょうね。それまで自分のことに精一杯で、一直線でしか物事を見れなかった彼が、すごく広い視野で人と関われるようになった。僕一人では、ここまで変えてやれなかったと思います。やはり一緒に変わっていこうとしたクラスの雰囲気があったからこそですね」

多くの体験が人を成長させるのと同じように、子どもが自立していくためには、子どもを取り巻く「関係性」が必要不可欠です。それぞれ違った立場、違った経験、違った目的を持っていても、お互いが成長し合おうとする意志が上手に合致したとき、その環境で揉まれた生徒はその後大きく成長していきます。

ちなみに、林先生がこうした特別支援の場で教員を目指したきっかけは、ご自身の中高時代の親友との関係にあります。彼の親友は中度の知的障がいを持っていました。林先生とは中学からの友達で、2人は一緒に同じ高校へ進学したのです。高校1年生のとき、クラスの女子生徒数名が、親切心から彼の親友に過保護すぎるほどの世話を焼いてしまいました。それを見た林先生はひどく腹を立て、そのクラスメイトと激しくぶつかってしまったと言います。彼は親友のことを一番よく理解していたために、親友の自力でできる能力が奪われていくこと、それによって親友のプライドが傷つけられていく姿を黙って見ていられなかったのでしょう。

私は林先生の高校時代の親友にお会いしたことはありませんが、おそらく2人の関係は、お互いにとって良い成長をもたらしたに違いありません。「関係性」とは、どんな指導やカリキュラムよりも、はるかに大きな教育力を持っているのかもしれません。

このように多様な生徒が同じ校舎で一緒に学び、ともに成長し合える環境が東朋の大きな特長です。こうした教育を「共生教育」あるいは「インクルーシブ教育」と人は呼ぶのかもしれません。しかし、それは一つの現象であり、結果論でしかないと考えています。東朋の教育について、私は特段、どのような呼ばれ方をされても構わないのですが、正直、「共生教育」も「インクルーシブ教育」も言葉としてしっくりいった試しがないのです。その理由はこの本を最後まで読んで頂ければ、少しは理解してもらえるかもしれません。

私たちはあくまで生徒一人ひとりに目を向け、一人ひとりの指導を行い、一人ひとりの個性を伸ばすことを目的としています。そのため、私たちの目指す教育は捉えようのないものであり、一括りの言葉では表現しようがないのです。それはまた、決して「特別な支援」といったものとも違うのです。

# 第3章　高校の真似事

## 「今日は3人挙げたで――」

私は平成9年の春に、教頭兼生活指導部長として現在の東朋高等専修学校へ赴任しました。

初めに述べた通り、私はそれまで神戸の私立学校で教鞭を執っていましたが、学校は平成7年の阪神淡路大震災で校舎が倒壊。その後の運営困難から閉校が決まり、私は残りの2年間で在校生の卒業を支援するため、最後まで学校に残りました。

神戸での仕事が落ち着いた頃、知人から「君に興味を持っている学校がある」との話を受け、当時の「東朋ビジネス工科専門学校」を紹介されました。

実は、それまで私は2つの学校の設立に携わっており、そのうち一つの学校からは校長職の誘いを受けていました。しかし、そちらの誘いは事前に断りを入れており、「話だけでも」という知人の誘いに乗って、大阪の天王寺まで足を向ける運びとなったのです。

「話を聞くだけ」と大阪を訪れましたが、振り返れば、私の心はすでに岡崎学園でお世話になることを決めていたのかもしれません。しかし、なぜ私が名指しで指名を受けたのかは、実際に理事長に会って話を聞くまでわかりませんでした。

当時をよく知る大阪自動車整備専門学校（岡崎学園系列校）の岡崎顕誠《けんじょう》学校長は、私を岡崎学園に招いた理由を次のように振り返ります。顕誠氏は創設者で前理事長、故・岡崎顕道氏の次男にあたり、私が赴任した当時は東朋の事務長を務めていました。

「東朋と同じように東京の通信制高校と技能連携をしている全国の連携校が一堂に会して、例年、体育大会を行うんです。その第1回大会のとき、私も理事長と一緒に会場へ足を運びました。グラウンドでは陸上やソフトボール、体育館では卓球なんかをやっておりました。私は理事長と一緒にソフトボールの試合を観戦しておったんです。ところが、ある試合の終了直後にとんでもない事態が起こりました。

試合に負けた学校の選手が、負けたことに腹を立てて、突然、道具を投げ出したり、グラウンドのベースを引っこ抜いたりと大暴れし出した。一度それは収まって、選手たちもグラウンドを後にしたのですが、数分後、今度は数十台のバイクが一斉にグラウンドに入ってきたんです。当時のやんちゃさんですから、みんな短ランにボンタン姿ですわ。そんな彼らが大勢でバイク音を轟かせて、ドリフトをかけながらグラウンド中を走り回る。それはすごい光景でしたよ。まるで映画を観ているようでした。私も含め、スタンドにいた人たちはほとんど呆気に取られていましたね。でも、それは暴れている生徒の教員たちも同じで、みんなお手上げ状態でした。

しかし、そこに一人の男性がグラウンドに入って行くのが見えたんです。そして何か一言注意したのがわかりました。すると、大暴れしていたバイク連中は、まるで反抗することもなく、素直にグラウンドから出て行きました。

それまで誰も手を付けられないような状況のなか、たった一言で生徒たちを収めた。『あの男性は誰や？』って話になりましてね。あとでわかったのは、それが太田先生やったんです。負けて大暴れした学校というのは、関西でも特にやんちゃで有名な神戸の学校でした」


生徒が暴れ出したグラウンドの様子は悲惨な状況でした。遠くから他の教員が「やめろ！」と注意を促しましたが、そんなことで簡単に手を止めるような生徒たちではありません。また、運の悪いことに、その年は第1回目の大会であったため、各関係校から理事長、校長が来賓として大勢集まってきていたのです。連携先の先生方もカンカンに怒っていました。「もう次回からは大会に呼ばない」とまで言われました。そうした状況でしたので、私も急いでグラウンドに飛び出し、「お前ら、やりすぎや！」と一言叫んだのを覚えています。

この出来事を覚えている先生からは、今でも「あのときは、よう沈めてくれはりましたね」と言われます。あわせて必ず「何かされはったんですか？」との質問を受けます。しかし、私の答えはいつも「いやいや何もしてません」。本当は何もしていないわけではないのですが、その理由はあとで話すことにします。

とにかく、この出来事を顕道前理事長がずっと覚えていてくれたようです。神戸の学校同様、当時はどこの学校もやんちゃな生徒への指導に手をあぐねいており、私の行動がどこか奇跡の魔法のように見えたのかもしれません。

「うちも違わず、やんちゃな子がたくさんおりましてね。そんななかで太田先生のような指導力を求めていました。あのような環境で指導を行ってきた人なら大丈夫だろうと」

しかし、東朋には私を呼んだことでは一件落着できない根本的な問題があったのです。それは、生活指導や校則で生徒を縛りつける厳しい管理教育と、それらにがんじがらめになった教員たちの実態でした。

朝、生徒が校舎へ登校してきました。一人の教員が生徒を見るなり声をかけます。

「お前、制服着てへんな。今すぐ家に戻れ」

次に制服を着た生徒が登校してきました。

「お前ネクタイしてへん。家へ帰れ」

そこには徹底されたルールがあり、教員はそのルールブックに則った指導をしているだけでした。しかし、それは学校として「正しい」指導でした。ルールに従えない者は社会で通用しないという論理。休み明けなどは、髪を染めて登校してくる生徒もいました。教員はそれを発見次第、ヘアカラースプレーで生徒の髪を黒く染め直しました。

喫煙の問題はいつの時代にもつきものです。当時の校則では、喫煙は発覚次第、その日から1週間の停学。2回目は3週間。3回見つかれば退学処分でした。問題生徒の対応に苦労しているつもりでいても、その指導は実に簡単です。

時間をとって話をすることなどありません。「決まりと違う」「やってはいけないことをした」。罰則を与え、反省文を書かせれば、それで指導は終わりました。教員はそれで「伝えた」つもりでいたのかもしれません。しかし、そんな指導で生徒は何も理解しません。一度問題を起こした生徒のほとんどが、その後2回目、3回目と問題を繰り返しました。やがて手に負えなくなった生徒には、「ルールに従って」退学処分を下すだけでした。

ときどき、職員室にいた教員が突然、学校内を走り回る日がありました。「何すんのやろ？」とその様子を見に行くと、各々の場所で「かばん開けろ！」と教員たちの怒鳴り声が聞こえてきます。抜き打ちの持ち物検査です。例えばそこでタバコが見つかったりします。実際にタバコが見つからなくても、教員はバッグの隅々まで視線を伸ばし、底に溜まった葉のかすを探そうとします。そして見つけた途端に「お前、タバコ吸うとったやろ！」。

よく「切符を切る」と言いますが、教員は常に生徒の問題ばかりに目を向け、あたかも自分のポイント稼ぎでもするかのように、生徒を取り締まっていたのです。

職員室に戻るなり、一人の教員がこんな言葉を漏らしました。

「今日は３人挙げたで――」

## 「全日制高校」という幻想

「このままやり続けていたら、えらい目にあいまっせ！」

こうした実態を目の当たりにし、私の我慢も限界にきていました。ある日、私は理事長と校長のもとを訪れ、そう訴えたのです。

「結局どうしたらええんや？」理事長が聞き返します。

「持ち物検査なんてやることない。タバコを吸うとったら、その都度ちゃんと指導して、なくなるようにすればいい。型にはめとったらダメですよ」

あくる日、また生徒の喫煙が発覚しました。生活指導が入ったため、私もその様子を見に行きました。すると、そこには5人の教員が立っていました。「何人見つかったんや？」とそのなかを覗いてみると、指導を受けていたのはたった一人の生徒。

「おいおい、なんで大の大人が5人もおんねん」

すると、一人の教員が振り向き様にこう言ったのです。

「それやったら負ける――」

負ける？

「何に負けんねん！」

思わず私もその教員を叱りつけました。

「本人は何と言っとったんや。たまたま父親のタバコを持ってたのかもしれんやろ。そういうのをすべて聞いたうえで、話をしてやるのが指導とちゃうんか」

しかし、ほとんどの教員が新参者である私の言葉などに耳を傾けませんでした。

「まぁ、お手並み拝見というところですわ」

そう振り返るのは、私が東朋へ赴任する以前まで生活指導部長を務めていた泉孝雄先生。

「もともとは『うちの教員には指導力がない』ということで、当時の理事長と校長が太田先生を呼びはった。そのうえ教頭と生活指導部長の役職がついているわけですから、職員からすれば面白くありません。また行動力のある方だから、少し自信家にも見えたんです。だから太田先生を鬱陶しいと感じる職員も少なからずおりましたよ」

職員会議も四面楚歌状態でした。私が何か発言しようとすると、横からほかの教員が忠告してきます。

「言うても無駄ですよ――」

つまり、「上の言う通りにしていろ」ということ。現場の職員は何も意見を求められません。それは職員会議ではなく、ただの「伝達式」でした。

これが管理教育の恐ろしさだと痛感しました。教員の思考は停止し、型にはまったルールのなかだけで指導が行われていきます。また、東朋には、どこの学校にも入学を拒否された「困っている」生徒が大勢集まっているにもかかわらず、「この程度の管理教育はどこの高校でもやっていること」と正当化された論理で、実情にそぐわない指導が常態化していたのです。

「ただね――」と、泉先生はこうした当時の状況に一定の理解を示しました。
「特にうちの場合は、よそで高校生になれなかった、どこにも行くところのない子どもたちが集まってきていたからね。当然やんちゃで悪い子ばかり。だけど、実はそうした厳しい指導も、それはそれで喜ばれたんです。親も喜んだし、本人たちも喜んだ。というのは、もともと普通の学校に行けなかった子たちでしょう。『高校みたいなこと』をしてあげることで、本人たちも高校生になれたような気分になっていたんです」

東朋の学校種は高等専修学校に分類されます。本来、専修学校は職業訓練や実社会の生活に必要な教養を身につける場所です。しかし、入学してくる多くの生徒は、学力や非行、様々な理由で他の高校から入学を断られた子どもたちばかり。保護者は「せめてどこかしらの学校に通って欲しい」との想いで、東朋への入学を希望してくるのです。同時に、東朋は技能連携制度によって高校卒業の資格が得られます。「高校だけでも卒業して欲しい」という保護者の声はいつの時代も聞かれることです。

つまり、保護者からすれば、子どもを「高校」に通わせている感覚に近かったのかもしれません。本来行くはずだった「高校」と同じような学校生活を送らせたい。そして、できることなら他の高校と同じように進学して欲しい。泉先生の言うように、どこの高校でも行われている厳しい指導が受け入れられた理由はそこにあります。

しかし、そうした既存の指導が子どもたちの抱える課題と合わないことを、保護者自身、気づいていなかったのかもしれません。

なぜ不登校になるのか。なぜ問題行動を起こすのか。そこには必ず理由があります。その理由に目を向けない限り、根本的な解決には向かっていきません。そして、子どもも自身がそれに気づかない限り、彼らは社会で自立していけないはずです。

しかし、私がそれを指摘するよりも前に、泉先生をはじめとした多くの教員が、こうした危機感を肌で感じていたようです。

「明らかに入学してくる生徒の質が変わってきている。それなのに学校は何も変わっていかない。例えば中学校までずっと不登校だった生徒も東朋へ入学するようになりました。最初は頑張って通っていたけれど、何かをきっかけに再び休みがちになってしまうのは当然起こり得ること。それでも当時は平気で『あなたは欠席日数オーバーでアウトです』みたいな指導をやっていたからね。でも、不思議なことに当時はそれが正しいことだと思っていた。太田先生にはどう見えていたかわかりませんが、教員は教員で一生懸命やっているつもりだったんです」

## 退職決意と生徒減

そうしたなか、私自身は、東朋での自分の存在意義を見失いつつありました。生活指導の強化を理由に呼ばれたものの、私の意見やこれまでの経験が活かされる見込みはありません。「この学校にいる意味がない」私は、東朋で働き続けることに限界を感じました。

悩んだ末、私は退職を決意。ただ、せっかく呼んでもらった手前、勝手に辞めてしまうのでは筋が通らないと思い、私は顯道理事長がいた天王寺のお寺まで足を運んだのです。

「私のいる必要がないみたいなので辞めさせてもらいます」

「どういうことや？」

「あの子らに型通りの指導をしても、なんの意味もありません。それにあの職員会議はなんですか？　あれはただの伝達式や。私が何を主張しようにも聞き入れてもらえない。それに納得がいかんのです。あれやったら、私がいる意味なんかありませんわ」

「そうか――。それで、不満はそれだけか？」

「ついでに言うと、給料も安いですわ。こんなんじゃ生活できません」

最初から辞めるつもりでしたので、言いたいことはすべて言っておこうと思っていました。しかし、理事長からの返答は意外なものでした。

「わかった。ほんならお前の好きなようにせえ。給料も上げたる」

こうした展開を私はまるで予想していませんでした。しかし、そこで一つだけわかったことがあります。それは理事長自身、学校の現状をどうしたら良いかと迷っている、ということでした。

学校の行方に迷う父親の姿は、当時事務長を務めていた次男の顯誠氏の目にも映っていたようです。

「お寺としても、学校運営は一番の社会福祉になっていました。もともと岡崎学園創設の由来は、戦後、経済的基盤を失った戦災未亡人たちの救済にありましたので、父自身、学校の存在が社会のため、人のためになることを切望していました。しかし、時代の変化とともに様々な問題や発達障がいのある生徒が多く入学してきましてね。生徒の実情と教員の指導に大きな隔たりが生まれてきたんです。父も、そうした危機感を肌で感じていたようです。太田先生に『思うようにやってくれ』と言ったのは、高等専修学校が他の高校群と同じことをして競争しようとしても、生き残ることは難しいと感じていたからでしょう。いかに生徒を自立させ、社会へ送り出すかという原点に立ち返り、援護事業として学校を存続させていかなければならないと思っていたはずです」

顯道理事長の危機感は数字にも表れていました。東朋の生徒数が年々減少傾向にあったのです。背景には、同じ大阪市内に不登校や高校中退生を受け入れやすい通信制高校等が増加し始めたことにあります。しかし、一番の理由は周辺中学校との信頼関係でした。

当時、泉先生などは、生徒募集のため頻繁に地域の中学校へ挨拶回りに出かけていました。ときには進路指導担当の教員から心ない皮肉も浴びせられたようです。

「『おたくに入れても、すぐ辞めさすやん』って。もともと不登校だった子を『東朋なら』と思って入学させたけど、結局『出席日数足らないって辞めさすんでしょ。それならよそ入れますわ』ってことです。今みたいに不登校傾向のクラスがあるわけじゃないからね。営業としてはなんの手土産もない。それで『今年もよろしくお願いします』と言うても聞いてもらえません」

また、当時泉先生は専修学校関係の集まりにも参加していたため、他の学校の情報はいち早く彼のもとへ入る状況にありました。そこでは、「どこどこ学校の生徒数が減ってきている」や「こんなことを始めた」など、様々な情報が関係者の間で語られていたのです。もちろん、それは東朋も同じことで、「東朋の経営が傾いている」などという噂は、すぐに広まっていきました。

「当然、それを中学校に告げ口する人だっておりますわ。お互いライバルやからね。そうなれば、明日終わってしまうような学校に、中学校の先生は生徒を送りたがりません。この頃はほんましんどかったね」

どこの高校や専修学校にも不登校の入学相談が増えてきていました。それでも「うちは大丈夫です」と無責任に生徒を囲い込む学校が多く、しかし、実際に入学してみると「出席日数が足りません」「成績がつかないので進級できません」と留年や退学を迫るのでした。また、それらの学校は追い打ちをかけるように「次に行くところはありません。高校は無理でしょうね」と伝えてきます。そうして困った親たちは、東朋のような小さい規模で面倒を見てくれる専修学校を求めてやってきたのです。しかし、東朋も実態は「高校と同じ」だったというオチです。

私が危惧する以前に、早急な学校改革の必要性はこうした場面にも表れていました。学校を立て直していくためには、第一に東朋独自の特長を出していかなければなりませんでした。そのためには、他の高等学校と同じような教育をしていても意味がなかったのです。

その後、私は多くの場面で「高校の真似事をしない」と主張していきました。東朋に大学進学実績は果たして必要か。優秀な大学に進学できる学校などいくらでもある。また「高卒資格」だけが目的なら、毎日通わなくても良い通信制高校などがあります。厳しい管理教育も今やどこでもやっている。他の高校にできることなら、無理に東朋が行う必要はありません。そうしたニーズはよその学校に任せておけば良い。

東朋として最も目を向けなければならなかったのは、やはり入学してくる「困っている」生徒たち。学びたくても学校に通うことができない。理由もわからず問題行動を繰り返してしまう。発達障がいがありながら、一般の特別支援学校の教育にはどうしても合わない。彼らが居心地良く学校生活を送れる環境を整えることが、唯一、東朋にできる独自の学校づくりだったのです。

退職を決意し、顯道前理事長のもとへ足を運んだ日のことは今でも忘れることができません。

好きなようにせぇ――。

この言葉が、私の心を動かしました。それなら言葉通り、好きなようにさせてもらおう。私は退職を決めたとき以上の覚悟で、職員室へ戻ることになります。

「こんな指導してたらあきまへんで！　ちゃんと生徒から話を聞けてますか？　それをしなかったら何も改善していきません」

まず私は、報告事項しか述べられない職員会議に意見し、その後「教頭」と書かれた机の上のプレートをゴミ箱に投げ捨てたのです。

## 「泉孝雄」という存在

気持ちを切り替え、私の東朋での教師生活が再スタートしました。

そんなある日、一人の教員が私に声をかけてきたのです。

「なんとかしないといけませんね――」

それが、当時私と一緒に生活指導を担当していた泉孝雄先生でした。

私はその日、すぐに泉先生を飲みに誘いました。同じ体育教師。話してみると、いろいろと意見も合いました。それから数時間、学校の現状、生徒や教員が抱えている問題について額を寄せて話し合いました。

彼は、私より10歳年下。適度な上下関係を保ちつつも物怖じしない性格で、年上の私にも持ち前の愛嬌の良さで親しみやすく接してくれました。

「僕と太田先生は、出身学校もやってきたことも全然違うんだけど、体育会系同士っていうのは、そこに独特の雰囲気が流れるんです。上下関係の厳しい世界だけど、太田先生は理不尽なことを一切言わなかった。だから僕もそれに甘えて、いろいろ言いたいことを言わせてもらった。本当は厳しい人なんやろけど、それをとやかく言うことはなく、話をさせてもらいました」

しかし、泉先生の生徒からの印象は少し違っていたようです。一度、泉先生にお会いすれば、誰もが最初は「怖そうな人」という印象を受けるでしょう。耳元から繋がった太く濃い顎鬚、聞けば若い頃に野球で鍛えたという筋肉質の体は、「生活指導」という言葉をそのまま体現しています。学校では「生活指導の泉です」の一言だけで、たちまちその場の空気はピリッと締まりました。

そんな泉先生が、他の教員も自分と同じように東朋の現状に危機感を持ち、生徒への指導方針に疑問を持っていることを私に教えてくれたのです。また、多くの教員が「なんとかしたい」気持ちと「自分ではどうすることもできない」現実との狭間で揺れ動き、歯痒さを感じながら日々生徒と接していることを知りました。

　私は当初、東朋の教員に対し、勝手な悪いイメージを抱いていました。彼らはただ厳しい管理教育に洗脳され、何も考えずに校則や上司の命令通りの指導しかしていないのだと思っていたのです。しかし、それは大きな誤解だったようです。

「学校を変えたい」という気持ちはみんな同じ。その事実が、その後の私を大きく動かしていきます。

　特に、私よりも4年早く東朋で勤務していた泉先生は、誰よりもその気持ちを強く持っていたようです。

「まずは入学相談の3分の2が『不登校です』という話になりました。これには学校として体制を整えていかなあかんという気持ちが日に日に増していった。だけど、それは東朋に限らず、どこの専修学校も同じです。そんななか、どこそこの学校がこんな手立てで動き出そうとしているなんて話も入ってきます。うちは生徒が減り始めていたから特に焦った。下手したら出遅れる。何かしないと生き残っていけない」

　ただ、そうしたなかでも「学校を変えたい」と思う同僚の存在は、他の専修学校にない大きなチャンスになったとも話します。

「専修学校っていうのは、どこもワンマン経営やから、現場の声が上に届きにくいんです。いくら先生が良いアイデアを出しても、理事長、校長がそれを善しとしなければ何も進まない。だけど、うちは太田先生が現れて『変えていきたい』という気持ちで一致した。これはチャンスや。周りが地団駄を踏んでいるうちに、何でもいいから先手を打って、一歩先へ行こうと。こうした関係は、ほかの学校からはえらく羨ましがられたと思います」

やがて、泉先生はその後の東朋の新しい教育改革において、重要なキーパーソンとなっていきます。

まず、彼は、突然管理職としてやってきた私と現場の職員たちとの間に生まれた溝を埋めるために、両者の調整役を買って出てくれたのです。

「もともとみんな『なんとかしたい』という気持ちがあったから、わりと話はスムーズにいきました。だけど、一番しんどかったのは不登校の受け入れについてでした。学校の先生っていうのは、真面目に学校生活を送ってきた人たちやから、『毎日登校できない子に単位なんかあげてもいいんかね?』ということを言いはるんです。『校則もなくそうか』って話も出ましたが、これも大きな反発があった。やはり先生方も不安なんです。『そんなことしたらどないなんねん』『むちゃくちゃになるぞ』とね。だけど、これもみんな『高等学校』の考え方だね。太田先生もよく言うてはりましたが、『うちは高等専修学校なんやで』と。例えば3分の1以上休んだらいけませんなんてことはどこにも書いてない。それから通信制高校と一緒にやっている技能連携の制度についても、先生方は何もわかってなかった。生徒は必要なことさえクリアできれば単位も修得できるし卒業もできる。そんなレベルの話です。極端な話、みんな自分の学校が『全日制の高校』と同じだと勘違いしていたから、要は『そんなことしてええんか』『問題にならんか』っていう反発が多かったかな」

その後、それまでの厳しい校則をなくし、自由な教育を軸とした学校の体制改善を図ります。当然、生徒に変化が現れました。しかし、それは多くの教員が想像していたものとは違っていたようです。

「ふたを開けてみたら大したことなかった。生徒全員が金髪にしてくるかと思ったけど、そんなことなかったんです。まぁ数人はしてきたけど時間が経てばすぐに直しよる。服装もせいぜいGパン、Tシャツで来るくらいだから可愛いもんです。教員たちはもっと酷い状況を想像してたんですね。だけど、結局はみんな『高校生だった』ということですよ」

## 教員の余裕

ある日、教室の窓ガラスが割れる事件がありました。それまでのルールでは、割った生徒は即刻弁償、謹慎処分です。当然「誰が割ったんや？」と教員は問いただしますが、誰も手を挙げようとしません。あとでの仕返しを恐れてか、周りで見ていた生徒も答えません。そのとき指導に当たった泉先生は、「結局、何もわからないまま時間だけが過ぎて、すべてがうやむやに終わってしまった」と話します。

しかし、校則をなくして、状況が一変します。

「また、バーンと割れた音がしたので教室へ行ってみたんです。すると、こちらが問いただすまでもなく、今度は生徒のほうから『ごめん先生』と言い出してきたんです。『実はちょっとふざけてて、叩いて割ってしまったんや』と。すると、彼は自分から割れたガラス片を掃除し始めた。さらにそれを見ていた周りの子たちも手伝い始めたんです。この姿を見たとき、『このほうがよっぽど人間らしいなぁ』と思いましたよ」

タバコの吸い殻が足元に落ちていても「吸うてない」と言い張っていた生徒が、今度は「ごめん」とポケットのなかからライターとタバコを取り出し、自ら先生に手渡し始めました。当然、彼らはそれなりの罰を受けますが、生徒自身が「やってはいけないこと」を素直に理解し、反省できるような環境へと学校が変わっていったのです。

これらは、すべて管理教育を一掃してから起こった出来事です。これまでは「謹慎」や「退学」という処罰だけで指導していたため、子どもたちは自分の起こした行為に対し、「隠したほうが得」といった間違った発想を持ってしまっていました。人を育てる現場で、私たちは知らぬ間にこうした考えを植え付けてしまっていたのです。

しかし、単純に校則をなくしたことだけが、生徒の変化につながったわけではないようです。泉先生は、「こっち側の余裕やね」と話します。

「結局は教員自身が校則に縛られとったんです。例えば朝、生徒も教師も眠たいところを頑張って起きてきたのに『遅刻何回目やからアウトや』『靴の色が違う』と、ごちゃごちゃ細かいところに気づいて圧力をかける。これ全部教員の焦りですわ。言うほうも言われたほうも気分が悪い。当然、喧嘩にもなります。それを周りの生徒が見ている。朝から雰囲気悪いでしょう。まずは『おはよう』だけでいいんです。遅れて来ても『よう来たな』と。指導するならそのあとたっぷり時間をとって『どうしたんや？』と聞いてあげればいい。何より教員みんなが楽になりました。そうした心の余裕を生徒が感じ取ったのでしょう」

職員室の雰囲気も大きく変わりました。それまで規制していた生徒の職員室への出入りを自由にしました。すると、休み時間にはいつも大勢の生徒が職員室へ来るようになりました。どの生徒も、先生に「話を聞いて」欲しかったのです。こうして、教員と生徒との距離がこれまで以上に近くなり始めます。

ある日、一人の生徒が地域でトラブルを起こし、警察のお世話になる出来事がありました。警察から学校に連絡が入り、泉先生がその生徒を迎えに行きました。その際、対応してくれた警察の方から泉先生は意外な言葉をかけられます。

「普通はみんな、学校だけには言わんといてくれって言うんやけど、先生のところの生徒さんは、何かあったらすぐに『学校に連絡してくれ』って言いますわ。これはすごいことですよ――」

生徒は決して先生に甘えているわけではありません。そのあとこっぴどく叱られることは覚悟の上です。しかし、生徒にとって教員が「守ってくれる」「わかってくれる」存在になったことは確かです。

管理教育は、厳しくやろうと思えばいくらでもできるものです。ただし、長続きはしません。教員は常に緊張した状態でいなければなりませんし、たとえ意味を持って厳しくしていたとしても、どこかで埃が出てしまいます。ほころび始めた指導が中途半端な方向へ向かっていくことが一番危険です。

例えば、外から「厳しい指導を行うクラス」と「余裕あるクラス」を比べたとき、一見「厳しいクラス」のほうが上手くいっているように見えるでしょう。しかし、それが1カ月、1年経てば状況は変わっていきます。初めは言うことを聞いていた生徒も、やがて緊張した環境に嫌気がさし、反抗するようになります。また問題を起こす生徒ほど大人の気持ちに敏感です。教員の焦りやズルさを感じ取り、やがて大人を信用できなくなるのが関の山です。

余裕を持ったクラスは、長い目で見ると、後半に大きく成長します。東朋では、11月に2日間の文化祭を開催します。私たちはこの文化祭を生徒にとっても教員にとっても、その1年間の学校生活の集大成に位置付けています。例年、初日は各クラスで歌や演劇、ダンスなどを披露する舞台発表が行われます。指導が上手くいっているクラスとそうでないクラスとの差は、その発表を観れば一目瞭然です。

「余裕」というのは、「楽にする」ということではありません。問題が起きたときに一方的なルールで処理せず、生徒からじっくり話を聞きながら時間をかけて指導できるということです。その多くは各教員の力量に任されています。いかに辛抱して、しっかり話し合えるか。また、様々な課題を一緒に乗り越えていけたクラスほど大きく成長していくのです。

こうした指導のノウハウの多くは、私が以前勤めた神戸の学校で学んだものです。そこでは、「力任せに指導しても何も解決しない」ということを実感しました。特に私が体育教師だったことも大きな理由です。体育教師は生活指導を任されることが多く、私も若く血気盛んな頃は「教員に逆らうな！」と上からの考えを前提に指導していました。

しかし、神戸の学校で生活指導のいろはを学び、生徒との接し方を変えたことで、生徒との関係が劇的に変わったのです。

私自身、高校時代に厳しい管理教育を受けてきました。ですから、自分たちが受けてきた教育こそが「当たり前」と思う感覚は理解できます。ただ、時代の変化に対応できてこそ本物の教師だと今は思います。

先述したように、私が東朋へ赴任したきっかけは、関係校が集う体育大会で大暴れした生徒たちを私が指導し、それを偶然、当時の理事長が見ていたことにありました。

なぜ、あのとき私は暴れた生徒たちを一言で沈めることができたのか。その理由はたった一つです。

生徒たちにとって、私が唯一「話を聞いてくれる存在」であったから。日頃からの彼らとの関係性がそうさせたのです。

「そのへんにせんか。お前ら、やりすぎや――」

同じ台詞を別の教員が言っても、結果は違っていたはず。私だから、彼らは聞き入れてくれたのです。

「○○先生だから話を聞こう――」そのときと同じ関係性が、少しずつ東朋にも築かれ始めていきました。関係性を築けた教員は、何よりも最初に生徒の「困っている」部分に目を向けていました。これが生徒との関係性を築く第一歩です。

もう一つ、私が教員たちに望むことがありました。それは、「学校は楽しくないといけない」という考えを教員一人ひとりが持つこと。これは、私が教員をするうえで大前提としている考えです。しかし、それらを実践していくために、「高等学校」への幻想が障害となってはいけません。高校の真似事をしている以上、その幻想はいつまでも目の前の霧となり、生徒たちの新しい可能性の発見を邪魔するのです。

## 専修学校にできること

自由な教育を実践していくためには、何よりも先に、管理教育に洗脳された教員たちの発想を変え、様々な教育を可能にする高等専修学校のシステムを理解してもらう必要がありました。

生活指導の改善は、生徒たちの成長や関係性が目に見えて変化していったため、徐々に教員たちに受け入れられるようになりました。

しかし、授業内容やカリキュラムの構成などの改善に関しては、なかなか首を縦には振ってもらえなかったのです。

後に東朋では1週間の授業数を減らし、金曜日の午後からは現在の「エンジョイコース」にあたる自由選択科目として、一般科目と違った体験授業や課外授業を行っていきます。しかし、当然、これらにも多くの批判がありました。

東朋には学力の低い生徒が多数在籍していたため、それまで成績の上がらない科目については単位数を2倍にするなど、「勉強ができないのなら学習量を増やせばいい」という単純な発想で対応していました。当時は土曜日まで授業がありましたが、週6

日のうち、通常30単位程度で良い授業数を35単位前後まで増やしていたのです。これも「高校」と同じ発想です。技能連携制度を利用して高校を卒業させるには、1単位あたり年間10時間の授業で良い科目もあります。丸35週間、授業に出席する必要はありません。

高等専修学校は本来、社会に出るためのスキルや自立性を養う場所ですから、成績向上を求める必要はありません。まして東朋には、学校に行けない、発達に課題のある生徒が集まってくるのですから、そうした子たちに単純な詰め込み教育を行っても意味がないのです。それよりも、自由に使える時間を活用し、生徒たちが社会で自立していける力を養う時間を確保してあげなければなりません。

こうした考え方も、当時私は泉先生とともに何度も語り合い、そして、彼が発信役となって現場の教員たちに伝えてくれました。

しかし、泉先生が先にも語ったように、当時の東朋には、時間をかけて教員の意識変化を待つ余裕がありませんでした。当初は私と泉先生との間で、教員の意識改革と学校改革をほぼ同時進行で行っていたと思います。そのため、カリキュラムや生活指導の改善などは、大まかな概要が決まった段階で、たとえ見切り発車でも実行していく、というかたちをとっていました。当然、そうした対応に「ついていけない」と訴えてくる教員がいたことも事実です。しかし、生徒数が年々減少し、他のライバル校が新しい対策を模索している現状で、一日でも早い「次の一手」が必要とされていました。それほど、当時の東朋は切羽詰まった状況に追い込まれていたのです。

## 100を切ったら・・・

学校の立て直しには、多くの労力と時間が必要となります。私は、東朋へ赴任した平成9年から、すぐに生活指導やカリキュラムの改善を行いましたが、これらは緊急を要していたために未完成な部分が多く、まだ保護者や中学校の先生に信用してもらえるだけの確立されたシステムにまで育っていませんでした。

そのため、生徒募集においては入学者数を増やすどころか、現状維持をキープすることすら難しい状況にありました。その後も数年は、およそ10%から20%の割合で入学者数が減少していったのです。

そんなある日、経営に限界を感じた当時の副校長、岡崎顯正《けんしょう》氏（現・理事長）が私を呼び、こう言ったのです。

「学校をたたもうと思う。太田君、その処理に協力してくれんか」

「そうですか。やめるならやめるで構いません。だけど、せいぜい今始めたことくらい、きっちりやっていきましょうよ」

「そうやな。でも、もう難しいやろう――」

「そんなこと言うても、ほかの職員はこれからどうしていけばいいんですか。なんとかやめんと、続ける方向で考えられませんかね」

「何か考えでもあるんか？」

「第一に入学してくる生徒が学びやすい環境を整えないといけません。今、うちには不登校の子がたくさん集まり始めています。そうした子のために『不登校特別クラス』みたいなかたちで別教室を設けるんです」

「そんなことしてええんか。何か問題になったりしないんか？」

「何も問題ありません。それから少し発達障がい傾向の子がおります。今後こういう生徒はもっと増えていきますよ。だから特別支援の別科を設けて、今の学科と二枚看板でやっていったらどうですか」

「別科ね。どんなふうにやっていくつもりや」

「せいぜい生徒10人に1人の教員を付けて、少人数で手厚い指導を売りにするんです」

「あかんあかん。そんな予算もないし、やれたとしても経営に合わん」

「副校長、そんなん言うてたら、そのうちほんまに潰れますよ。いつまでも高等学校の考えでおったらあきまへん。新しい発想で何か特長を出していかんと」

「それもそうやな――」

「お願いします。あと1年だけやらせてもらえませんか。1年でいいですから」

ちなみに私と顯正現理事長は当時から何でも言い合える仲でした。顯正氏は、前理事長である顯道氏の長男にあたります。私は顯道氏、顯正氏、また、当時事務長を務めていた次男の顯誠氏も含め、岡崎家の人間に大変可愛がられていたのです。

前理事長の顯道氏はすでに他界されていますが、当時からよく食事に誘ってもらい、忌憚なく話もさせてもらいました。私は特に顯道氏のことが大好きでした。


私が先代に初めてお会いしたとき、顯道氏はすでに90歳を超えていました。私の最初の印象は普通の「おじいちゃん」。晩年まで元気で精力的に活動されましたが、時折、そうした自分の風貌を利用して、こんな呆けたエピソードも披露してくれました。

「理事長、ちょっとよろしいでしょうか」

「……、はぁ〜？」

「聞こえてますか⁉　ちょっとお願いしたいことがあるんです！」

「はぁ〜？」

なんや、聞こえてへんのか。

「備品で新しくパソコンを数台買わなあかんのですが。買うてもよろしいでしょうか！」

「…………」

耳悪うなったんやな。

「りぃ〜じちょうぉ〜！」

「…………」

やっぱり聞こえてへん。

「アホ！」

「……、うん？　今、なんか言うたか？」

都合の悪いことは聞こえないフリ。関西人らしいジョークです。

私も仕事となると、理事長とはいえ上下関係など気にしないタイプでしたので、度々失礼な物言いをしてしまった場面もあります。しかし、顯道氏は大変心の広い方でしたので、そんな私でも大らかな心で受けとめてくれたのです。もちろん、意見が合わないこともありました。しかし、私が退職を決意し、顯道氏のいるお寺まで足を運んだ日と同じように、最後には必ず「お前の好きなようにせぇ」と言ってくれました。

そして、それは後を継いだ長男、顯正氏も同じでした。

「わかった。そんなら、太田君の好きなようにしてみぃ」

私が学校を続けさせたかった理由は、残っている職員や巣立って行った卒業生たちのことを考えての結論でした。卒業生に関しては、当時はまだ大学などの上級学校に進学する生徒が少なかったため、東朋が最終学歴になる卒業生がたくさんいたのです。そうした子たちが困らないためにも母校をなくすことはできません。

しかし、それ以上に、私はこうして広い心で受けとめてくれた岡崎家のためにも「学校を潰したくない」と強く願っていたのだと思います。

しかし、「学校をたたむ」という顯正氏の気持ちは、想像以上に堅かったようです。結果的に、顯正氏はその後の学校運営を私に一任してくれました。しかし、それには一つの「条件」があったのです。

「――太田君、来年の生徒数が100を切ったら店仕舞いや」

## 愛知と長野へ

自分たちに何ができるか。私は四六時中、その打開策を考え続けました。

その当時、東朋に問合せのある入学相談の半数以上が不登校についてでした。まずは、学校としてどのような対応で環境を整えていくかが最初の課題となります。

私は、どこか参考になる学校はないかと関係者に相談を持ちかけました。そこで、不登校対応に定評のある2つの学校の名前が挙がったのです。

一つは、愛知県に開校していた民間学校。ここは東朋と同じ東京の通信制高校の連携校でした。そしてもう一つは、長野県にあった全日制の私立高校です。

早速、私は泉先生を連れて、愛知と長野へ飛びました。

最初に見学させてもらったのは愛知の学校。

この学校は、平成元年に開校しており、スタート当初は東朋と同じようにやんちゃな生徒が多数在籍していたようです。しかし、私と泉先生が見学に足を運んだ平成10

年頃には在校生のほとんどが不登校生徒となっていき、経営方針を改善していくうちに入学生のタイプが変わってきたのだと、対応してくれた担当者は話します。

その担当者の話によると、もともと不登校は本質的に真面目な生徒が多いため、安心できる環境が整うと、途中から元気を取り戻し、学校も休まず通えるようになるとのことでした。また、彼らは往々にして学力が高く、学習面でのレベルアップにもつながったと話します。しかし、生徒の多くは神経症になりやすい気質を持っていたため、フリースペースなどの別室を設けることで精神面のフォローも行っていました。

特に参考になったのは、愛知の学校が、不登校を理由に生徒を甘やかすなど「差別しない」方針を徹底していたことです。問題やトラブルにはきちんとした生活指導で対応し、場合によっては叱ることもいとわず、また、対応の難しい生徒でも「腫れものに触る」ような指導は決して行わなかったと言います。

そして翌日、2校目の見学となった長野の私立高校は、昭和30年代から続く、老舗の全日制高校でした。

長野の学校も愛知と同じように、時代の変化とともに不登校傾向の生徒が増えてきていたようです。ただ、この学校は全日制高校であったため、出席日数の問題や勉強の遅れにより、次学年への進級が難しくなるケースなどが課題となっていました。

そこで長野の学校は、学年制から単位制に変えるなど、既存のシステムを独自のものへと改良。また、生徒の状況に合わせた特別コースを併設するなどして、不登校対応を図っていました。この学校の良さは、決められたルールのなかでも私学のメリットを活かして自由な教育を実践していたことにあります。

2つの学校は共通して「入学前」を重要な時期と捉えていたようです。

例えば、愛知の学校はもともと大学進学を売りにしている学校ではありません。しかし、前述したように不登校の子は学力が高い傾向にあり、元気が回復していくと勉強面に物足りなさを感じる生徒が増えていきます。保護者も子どもの学力が上がるほど理想が高くなり、進学指導の充実を学校に要求してくるケースが増えてきたのです。そこで、愛知の学校は事前に保護者や生徒本人に対し、「大学進学向けの特別な指導は行いません」という旨を伝えていたようです。

一方、長野の学校は入学試験までに2回の学校説明会、1回の入試説明会、個別相談を実施。また、受験決定者は学校との事前相談が条件とされていました。特に不登校の生徒は、これらすべてに参加してもらい、入学前から学校に慣れてもらうしくみをとっていました。担当者の話では、入学前に何度も学校へ足を運んでくれた生徒ほど、入学後の不登校回復率は非常に高く、欠席をしない例もあると言います。

ポイントは入学生徒の性格や目標、取り組みたい内容などが、学校の相性と合っているかどうか。学校側も「どんな内容でも大丈夫です」と無責任にならず、「できること」「できないこと」を明確にしています。特に不登校生徒は他の生徒以上に進学に不安を抱えているため、事前説明は不可欠です。

これらは、後に東朋でも参考にさせてもらいました。現在、東朋では入学の条件として、必ず「普通科」「総合教育学科」両方を見学してもらいます。2つの学科の教育内容をよく理解してもらったうえで、生徒本人あるいは保護者の判断で学科を決めて欲しいからです。

そこでは「事前説明」もしっかり行われます。例えば、愛知の学校と同じように、東朋は進学校ではありませんので、難関大学等を目指した進学指導は行えません。また、「総合教育学科」に関しても「できること」「できないこと」を明確にしています。それは「総合教育学科」を一般の特別支援学校と誤解して相談に来られる方が少なからずいるからです。

生徒対応に関しても、2つの学校と同じように、東朋は不登校や発達障がいでも必要な生活指導は差別することなく行います。自由な教育のなかでもしっかりとしたルールがある。自由にしすぎると、それは「フリースクール」のような形態になってしまいます。

難関大学を目指せる進学校、自由度の高いフリースクールなど、そうした場所は世の中にたくさんあります。わざわざそれと同じことを東朋が行う必要はありません。

2つの学校は、結果的に不登校対応がその後の入学生徒増につながっていきました。愛知の学校は当時まだ歴史が浅く、なんとか新しい方針で生徒を増やしていく必要がありました。そして、長野は東朋と同じく、入学生徒の質変化と周辺地域からのイメージダウンによって生徒数減少が問題となっていたのです。

これは愛知と長野に限った話ではありません。当時、全国各地で新しい学校が続々と設立し始めていたため、新旧ともに私学の学校はどこも厳しい競争を強いられていたのです。そうしたなかで、残っていった学校とは、早くから独自の特長付けを図り、時代の変化に対応していった学校です。そのなかでも愛知、長野の2つの学校は、入学してくる生徒の「実情」にしっかりと向き合った対応を図っていたのです。

ただ、このような成功例は、モデルにはできても完全に真似することはできません。なぜなら、生徒の「実情」とは、その地域や学校によって異なるからです。そのため、東朋には東朋としてやるべきことがあります。私は愛知と長野の良い部分を組み合わせ、東朋の土壌に合った方針へアウトプットしていく必要があると考えました。

## B4用紙1枚に込められた「未来」

長野の学校を見学した帰り道、私と泉先生は特にお互いの感想を言い合うことをしませんでした。

2つの学校を見学に訪れたのは、私が東朋へ赴任してから1年半が過ぎた平成10年の秋。残暑も終わり、少しずつ陽の陰りが早まり始めた頃でした。駅までの帰り道、夕陽は長野の山々に隠れ、その影で私は隣を歩く泉先生の表情を読み取ることができません。

私と当時の副校長、顯正氏との話し合いの内容は、すぐに他の職員にも知れわたることとなりました。残された時間はあと1年。翌年の生徒数が100名を下回ったら、東朋は閉校になります。猶予はありません。今日、このとき、この瞬間の取り組みが結果として現れます。職員室には常に緊迫した雰囲気が漂っていました。そんな状況でも、教員は授業や生徒対応を行い、空いた時間を縫っては、生徒募集のために市内の中学校を回り続けます。私たちは精神的にも肉体的にも疲れ果てていたのです。

「それは僕らも慌てましたよ」と、泉先生はその当時を振り返ります。

「自分が職を失う可能性もありますからね。でも、働き口はいくらでもあったから、それ自体はあまり気にならなかった。やっぱり卒業生の顔が浮かびました。彼らの母校をなくすわけにはいかない」

　電車を乗り継ぎ、目的地へ辿り着いた私たちは、そのまま予約したビジネスホテルへチェックインしました。その後、ホテル内のレストランで食事を済ませましたが、そこでも特に会話が弾むことはなく、２人は互いの部屋へと戻って行ったのです。

　部屋に戻ると、時刻はすでに深夜を回っていました。私は書類を鞄に詰め込み、就寝準備に入りました。

　すると、部屋の向こうでドアがノックされる音が聞こえました。泉先生です。

「先生、俺思うねん――」

　彼は私の目をジッと見据えて、一言そう言いました。その表情は、さっきまでレストランで食事していたときのものとはまるで違っています。何か大きな決断をした男の覚悟。男同士が目を合わせる瞬間など、そうあることではありません。私は彼が何を言おうとしているのか、すぐに読み取ることができました。そして、彼の次の言葉を待たずに、即座に答えたのです。

「俺もそうやねん。そう思うんや」

私は鞄に詰め込んだ書類を急いで取り出し、泉先生に言いました。

「少し時間くれるか？」

しかし、そんな気遣いの言葉は不要だったようです。彼の手の平には、すでに紙とペンが握りしめられています。

「今のうちに考えをまとめておきましょう」

そうして私たちは、その場で互いの意見を出し合いました。疲れなど知らぬ間にどこかへ消え去っていました。意見交換にさほど時間は要しませんでした。泉先生もほとんど私と同じことを考えていたのです。

やがて、2人の意見はB4用紙1枚の紙にまとめられました。

『不登校傾向生徒受入コース設置方針』と書かれた手書きのメモ。見学した2つの学校を参考にして、東朋が抱える現状に合わせた対応策の草案です。書き上げる際、いつも以上に筆圧が強くなっていたような感覚を今でも覚えています。

『不登校傾向生徒受入コース設置方針』

（学校に行きたくても行けない生徒）をどうすれば良いか――。

まず、不登校生徒の状況を3つのタイプに分けました。

①　入学後、来られなくなってしまう

②　学校に通えて、教室にも入れるが、週に何日か休んでしまう

③　学校に通えるが、教室には入れない

この3つのタイプに対して、それぞれ違ったクラスは設けられるか。そのためにはどういった手続きや審査、承認が必要か。①であれば、在宅学習は可能か。②であれば、休んだ日を基本的に自主学習の日として認めても良い。③には別室を設け、別室専任の担任も付ける。指定科目の授業数は卒業条件の最低限に留め、余裕ができた時間を、登校刺激につながるような、生徒が関心を持てる授業、あるいは社会性を育める内容で埋めていく・・・。

私は1枚のメモ書きを前に、大きな確信を覚えました。

これで何とかなる――。

言葉にはしませんでしたが、その確信は泉先生も同じように抱いたはず。普段、生徒の間では「強面の泉」で通っていた彼。愛知、長野を回った2日間は、まるで問題を起こした生徒が目の前にいるかのような険しい顔つきが続いていました。そんな彼の表情が、そのとき初めてほころんだのです。

「あの夜の出来事は、太田先生との思い出のなかで一番強烈に残っているエピソードかもしれませんね。僕が『思うねん』と言ったら、先生も『俺もそうやねん』と。顔見合せて、目と目が合いました。あのときの『これや！』って感じの太田先生の表情は、今でも忘れられない。『これなら行ける』と思ったんでしょう。僕もそれまでずっとモヤモヤしていたものが、すぅっと晴れていくような感じがしましたね」

この草案は、その後の東朋高等専修学校改革の大きな基盤となっていきます。後の「ほほえみクラス」「ふれあいクラス」といった不登校傾向受け入れクラス、入学前の事前説明、入学後の対応、カリキュラム、単位認定などといった多くの要素が詰め込まれました。

この頃の状況を知る教員は、現在数名しか残っていません。今現在、東朋には510名を超える生徒が在籍しており、未だに生徒数は増え続けています。新卒や中途採用で入ってきた職員のなかには、「東朋は人気校だから何もしなくても生徒が入ってくる」という感覚が少なからずあります。年々生徒が増える一方で、教室の空きがなくなり、毎年どこかしら校舎の改築を行っている様子を目の当たりにしているのですから、そうした気持ちになってしまうのも無理がないのかもしれません。しかし、古くから在職している職員は、今でも生徒数を気にしています。生徒募集の基本となる中学校回りに関しては、後輩職員たちに常に発破をかけている状態です。すべてこうした苦しい時期を味わったからにほかありません。

泉先生も次のように話します。

「苦しかったけど、それが原動力にもなりましたからね。あの経験がなかったら何も考えずに過ごしていた。生徒が順調に入ってきているうちは何も考えなくていいんです。だけど、そのぶん学校は変わっていきませんよね。あの時期があったから、東朋は生まれ変われたんだと思いますよ」

なにも生徒の数が大事なのではありません。一番大事なのは教育の中身です。しかし、それを考えられるのは、日々生徒と接している現場の職員しかいません。彼らが考えることを止めてしまったら、東朋は再び不遇の時代へと後戻りしてしまいます。

「ホテルで書いたメモ、僕は僕で取ってたんですよ。でも、だいぶ古い話だからね。もう太田先生は処分してしまったでしょう」

当時のメモは、今でも大切に保管してあります。このＢ４用紙１枚がすべての始まりでした。私も当時の苦しい時代を、決して忘れることができません。

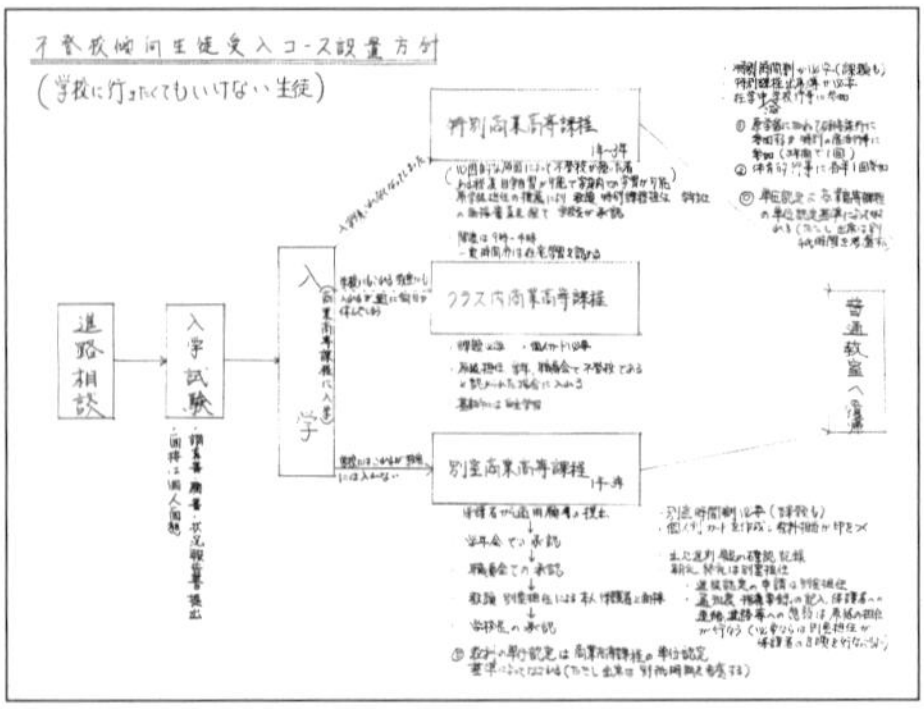

長野のホテルで書かれた実際のメモ

# 第4章　管理教育からの逆転

## 勉強の枠を超えた「エンジョイコース」

「みんな、今日は映画館に行って映画を観るで」

平成11年。

金曜日の午後から一般教科の授業をなくしました。自由選択科目「エンジョイコース」の始まりです。

「先生、そんなことしたらあきまへん。問題になりますよ」

一人の教員が私に忠告してきました。

「何があかんのや。うちは高等専修学校で技能連携校や。最低限のカリキュラムさえこなせば、あとは何をしたって自由なんやで」

「だいたい、そんなことしてなんの意味があるんですか?」

別の教員も反論してきます。

「意味なんかいくらでもある。映画館までどうやって行くんや? 上本町駅から最寄りの駅までどうやって行くのか。電車は何線を乗り継げばいいのか。切符はどうやって買う？　映画館のチケットはなんぼすんねん。どうやって料金を支払うんや。なんで生徒に学割が利くかちゃんと説明できるか？　上映中はどんなマナーで鑑賞するのが正しい？　覚えることなんかいくらでもあるやろ」

「ちなみに何年生が行くんですか？」

「全校生徒や」

「そんなことしたら生徒の間でトラブルが起きますよ」

「学年の枠も取っ払う。そこで上のもんが下へ教えることもあるやろし、下のもんが覚えることもあるやろ」

「だったらもっと実のあることしませんか？　映画鑑賞なんかただの遊びです」

「遊びやない。大事なのは週の1度でも『学校に来て楽しい』と思ってもらうことや。そうしたらまた頑張って通おうと思うやろ」

金曜日の午後の授業に行われる「エンジョイコース」は、自分の興味関心を深めたり、目標を見つけられる多種多様な授業が用意された時間となっています。

しかし、当初は多くの教員からその内容について疑問を投げかけられました。

「そんなことして授業として成立するんですか？」

「いやいや、『授業』という発想を捨ててください。そういう感覚だとあかんのです」

するると、社会科の先生がこんなことを言ってきます。

「そうしたら歴史の勉強になるから、資料館にでも行きましょう」

「ちゃうんです、先生。教科書も何も使いません。自由選択科目なんやから。生徒が好きだと思うこと、やりたいと思うようなことをやるんですよ」

先生方に自由選択科目の目的や狙いを理解してもらうまでには時間を要したため、当初は私がその内容のほとんどを決めていきました。しかし、先生方は目的や段取り、予算など細かい部分まで納得しないと動き出せなかったため、私は毎週のように報告書をまとめていたのを覚えています。

その頃に実施した一つが「アウトドア&フィッシング」。もともと魚釣りが好きだった私が、「自分でも教えられる」と慌てて始めた授業です。

ちなみに、「アウトドア&フィッシング」というネーミングも私が決めました。

「なんですか？　それ」と一人の先生。

「そのまんまや」と私。

しかし、翌日に希望者を募ったところ、なんと50名以上の参加があったのです。

さすがにこの人数を私一人では対応しきれません。仕方がないので、別の教員に応援を頼みます。

「いきなり釣りに行くんですか？」

「いきなりは無理やから、今週は教室で竿や釣り糸の結び方とか基本を教えんねん。先生、餌の取り付け方知っとるか？」

「太田先生、僕は釣りができんのです」

「なんや、ほんなら次の週は体育館で練習やな。それから川へ行こう」

「先生、ちなみに当日生徒の服装はどうします？」

「アホ、川で釣りすんのに制服で行くやつおるか！」

釣りと言っても、ただ川で楽しむことだけが目的ではありません。私も慌てて本屋に駆け込み、ルアーのつくり方などを勉強。そして、実際に生徒にも自分のルアーをつくってもらいました。

釣り糸の結び方一つにも理由があり、上手に魚を釣り上げるには様々な仕掛けをしなければなりません。フナ釣りなら、フナは咥えた餌を一度口から離すため、浮が沈むタイミングに合わせて竿を上げる必要があります。反対に餌に食いついて離さない魚もいます。そうした場合は、餌を呑み込むまで竿を上げずに待たなければなりません。生徒たちは釣り糸の結び方を学びながら、魚の習性を知り、魚と自分との距離感を覚えます。

スタート時、ほとんど手探り状態だった「エンジョイコース」も、回数を重ねていくうちに、少しずつ先生方にも授業の意義を理解してもらえるようになりました。やがて、私は授業内容の多くを先生方の発想と力量に委ねることにします。すると、先生方には試行錯誤の日々が始まりました。今の生徒にどんな体験が必要か。どんなスキルを身につければ個々の課題を克服できるか。日頃からそうした視点を持って接しなければ、良いアイデアは生まれてきません。そこで、本当の意味で生徒の視点に立てた教員は、とても的を得た授業を行えるようになります。

例えば「乗馬体験」では、馬に乗ることで視線が高くなり視界も広がります。自己肯定感が低く、普段から俯いた状態で学校生活を送っている生徒にとっては、新鮮な世界観を味わえる機会になります。「調理実習」では、食材となる野菜の苗え付けから収穫までを生徒自身で行いました。植物が成長していく様子、また食材が自分の口元に届くまでの長い月日を肌で感じることができました。「さをり織り」など芸術分野も取り入れています。発達障がい傾向のある生徒は、一つのことに集中したり、没頭したりすることを得意とします。また、ほかより秀でた感性を持っているため、出来上がった作品はどれもオリジナリティに富み、芸術性の高いものばかりです。

こうした取り組みの一つ一つが、それまでの管理教育で自信を失った不登校や、やんちゃな生徒たちが少しでも頑張って学校生活を続けようとするきっかけとなっていきました。そのほかにも「エンジョイコース」では「模型づくり」「カフェ」「茶道」「スポーツ」「アロマテラピー」「写真」「映画」「ミュージカル」「フィッシング」など、その内容も多岐にわたりました。

そして、ここでは生徒たちの多くの笑顔に出会うこととなります。

## 改良に改良を重ねて

その後は、普段の授業にも大幅な変更を加えていきました。

先述したように、東朋では当初、生徒たちの学力向上を図るため、科目あたりの単位数を増やすなど、実情とは逆行した詰め込み型の教科指導を行っていました。こうしたカリキュラム構成も、既存の「高校」の考え方を一掃させ、英語、数学、国語などの一般科目は、卒業条件の最低限の授業数に絞り、そのぶん選択科目や課外授業、表現やマナーなど、社会で自立していくための授業を増やしていったのです。

今現在もカリキュラムの改良は日々繰り返されていますが、そうした教務面における全体の統括を担っているのが藤井紗綾香先生です。

彼女は平成14年の9月、ちょうど私と泉先生がカリキュラムの大幅改革を行っている只中に東朋へ赴任してきました。

9月という教員の採用としては珍しい時期に、藤井先生が赴任してきたのには理由があります。実は採用が決まる少し前、私は知人の校長先生と食事をする機会を得ました。そのとき、その校長先生が、「おもろい先生がおんねん」と藤井先生について話したのです。私もその場で聞いた彼女の印象に大変興味を持ちました。そして冗談のつもりで「そんな先生がいるなら、いっぺんうちで働いてもらいたいなぁ」と言ったのです。すると、しばらくしてその校長先生から再び連絡が入りました。どうやらその学校が閉校されるとのこと。そこで、「以前話した藤井という教員を引き取ってもらえないか」と、その校長先生から相談を受けたのです。

実際に藤井先生に会ってみると、話に聞いていた通り、実に明るい性格で、教員としてのスキルも高いことがわかりました。私はすぐに彼女の採用を決めました。

彼女は東朋へ赴任して間もなく、泉先生の下に付きっきりとなり、東朋が今後やっていく新しい教育や考え方などを学んでいきます。やがて、期待していた通りに仕事をこなせるようになると、翌年の春からはクラス担任を持ち、数年後には泉先生の退職に合わせて教務主任を任されるまでに成長していきます。当然、古くから働いていた先輩職員からは多くのやっかみを買うようになりますが、彼らが藤井先生の本当の実力を知るまでにそう時間はかかりませんでした。藤井先生自身は、「私はただ太田先生と泉先生が敷いたレールに乗っただけ」と謙遜しますが、それを自分の力で実行できたこと自体、生徒の実情や新しい教育の方向性を深く理解していないと務まるものではありません。

やがて藤井先生は、複数の学科やコース、また多様なタイプの生徒に対応するため、複雑多岐にわたるカリキュラムを丁寧に構成していったのです。

「東朋は週5日、1日6時間ですから、30コマのなかで何ができるかという検討から始まっていきました。通信制との技能連携を活かすと言っても必要最低限の指定科目は動かせませんし、また私が赴任した当時は今の『普通科』は『ビジネス情報学科』でしたので、本校の特色として簿記や情報処理、電卓計算、マーケティングなど商業系の科目が入っていたんです。選択科目もＡＢと2種類あって、一つは今の『エンジョイコース』にあたりますが、もう一つは資格取得を目指すようなコースでした。そこからさらに新しい内容を行うには、まだ当時は教員の数も充分ではなく、できる範囲でやりくりしていたというのが最初の実感です」

不登校傾向の生徒が増えるなかで、少しでも魅力を感じてもらえる授業を増やしていく必要がありました。しかし、藤井先生が話すように、当初はカリキュラムの制限や教員数などを理由に、できる内容は限られていたのです。

その後、東朋は「ビジネス情報学科」から「普通科」への移行に合わせて、これまで以上に幅広い生徒を受け入れようと、さらに次の方策を練り始めます。そのなかで、他の学校からの転入生を積極的に受け入れていく方針が新たな狙いとして打ち出されました。

「ただ、その際に東朋自身が設定する連携科目がありますので、転入生によっては膨大な補習を強いられるケースがある。そのことで転入生の負担が大きすぎたり、受け入れが難しい事態に陥る懸念もあったんです。そこで、東京の通信制高校と連携している商業系科目を情報処理の１科目に絞ることで、補習の負担は減らせるんじゃないかと」

ここで新たにカリキュラムの余裕が生まれ、さらに自由な科目設定が可能となっていきました。「普通科」は、午前中に指定科目、午後に選択科目授業といった編成に落ち着いていきます。特に選択授業は内容によっては1時間では収まりきらないケースもあるため、2時間の連続でも対応しやすいよう、午後に設定されています。

「これまでのノウハウが活かされる商業系科目は精選していって、それは専門科目や選択科目の資格取得コースで残していきました。あとは商業にこだわらずにコンピュータやネイルアート、それから系列の専門学校にも協力してもらい、自動車整備が学べるモータービジネスなども始めていきました。やはり不登校生徒を受け入れていく流れのなかで、まずは生徒に少しでもいろんな体験をしてもらって、自分のできることや可能性を伸ばしてもらおうと。もちろん、元気な子でも取っ付きやすい科目を盛り込んで、そうしたバランスも考えながらやっていきました」

しかし、こうした選択制の授業は、ジャンルが大まかに定められているだけで、教える内容自体は各々の教員に任されています。そのため、教える側にとっても、必然的に自分自身で授業内容を考察し、改良していく機会が与えられていきました。例えば情報系の授業であれば、パソコンで使用するソフトや技術は毎年のように新しくなっていきます。指導方針を極力教員の力量に任せることで、それぞれが時代に合った教育を行っていけるようになったのです。

もちろん、これらは最初の一歩でしかありません。単に「新しいことを始めた」という感覚だけで満足していては続いていきません。以前まで、子どもは10年周期で変化していくと言われていました。しかし、私の感覚では、今の子どもたちは5年周期で変化しているように思います。当然、学校もこうした変化の速さについていかなければなりません。生徒と毎日接していると、彼らの興味関心もわかってきます。その都度、「ダンスはどうやろ？」「ペットを扱いたい生徒がいるんとちゃうか？」といろんな案が出されます。東朋のカリキュラムも、こうしたニーズに合わせて、実行しては考察し、改良し、また実行――、を繰り返しているのです。

それでも、さらに「細かい工夫が必要」だと藤井先生は話します。

「例えば、当初はネイルアートとアニメーション制作の授業は同じコースで行われていましたが、そもそもネイルとアニメーションを学びたいと思う生徒が同居するのかと。そこで、それぞれをコースに分けて対応したり。また、『コンピューター』と一言で言っても内容は多岐にわたりますから、コースのなかでも学べる分野を3つ、4つと置いておく。同じジャンルでも、体験的に取り組みたい生徒もいれば、より専門的に取り組みたいと思う生徒もいたので、新たに『プロフェッショナルコース』というコース枠を設けました」

経営的側面から見ても、こうしたカリキュラム構成は大きなアピール材料となり、教育内容の充実との相乗効果で生徒数増にもつながる結果を生み出します。

「具体的に『これをしたい』と言って入学してくる生徒も増えました。また、最近では自動車整備に興味を持っていた子が、本校の『プロフェッショナルコース』で行っているモータービジネスという授業を目当てに入学し、その後も系列の大阪自動車整備専門学校へ内部進学というかたちでお世話になるケースも少なくありません」

こうして少しずつ、東朋の教育が詰め込み型の指導から、生徒の自信を回復し、個性を伸ばしていける内容へと変化していきました。

そして、先述した通り、やがて東朋にも発達障がい傾向のある生徒の入学が増えてきます。多くは、重度の知的障がいなどと違い、どこか話が噛み合わない、コミュニケーションが成立しないなど、一見、目には見えにくい特性を持った生徒たちでした。彼らもその時点ではまだ、周囲の理解を得られぬまま、苦しい学校生活を強いられていたのです。

そして東朋は平成19年、現在の「総合教育学科」にあたる「総合ビジネス学科」を設置し、独自の特別支援をスタートさせます。

## 「考える」チームメイト

特別支援型の新たな学科をスタートさせるにあたり、私は新任の教員を1名、東朋へ迎え入れることにしました。そこで、「総合ビジネス学科」立ち上げの最初の専任教員として招かれたのが、当時、大阪府柏原市の「関西福祉科学大学」で学んでいた山田晃子先生でした。彼女は小学生の頃から保健室の先生に憧れ、大学在学中は養護教諭を目指して勉強に励んでいました。

私は「総合ビジネス学科」を立ち上げるにあたり、特別支援の分野で大変功績のあった関西福祉科学大学の西牧真里先生を訪ね、適任の人材を紹介してもらうことにしたのです。

明くる日、大学から6名の学生が面接に訪れました。しかし、選考は大変難航しました。6名の学生はみんな甲乙つけがたいのです。採用人数は1名のみ。特に新学科の立ち上げという事情もあり、人材選びには慎重になっていたのです。大きな手掛かりを掴めず、自分の判断では採用を決めかねた私は、受付を担当する事務の女性に相談を持ちかけます。

「今日、面接で何名か学生が来ましたが、どんな様子でしたかね？」

「そうですね。一人だけ印象的な子がおりましたよ」

「どんな子です？」

「その子だけ、ちゃんとコートを脱いで『何処々々の何々です。今日は面接で参りました』ってはっきり言いはりました。ほかの子たちはみんなコートを着たまま名前を名乗るだけだったのですが、なんかその子はそういう部分しっかりしてはった」

「よっしゃ！　じゃあその子で決まりや！」

その印象に残ったという学生が山田先生だったのです。

私は学校を運営するにあたり、学校の顔となる事務に非常に力を入れています。彼女たちは電話の窓口や来校者の対応などを任されますから、人を見る目には非常に長けた人材が揃えられています。一見、何気なく対応しているように見えますが、実は来校者はその間いろいろとチェックされており、少しでも怪しいと思われるところがあれば、すぐに私のところへ報告されます。ですから、彼女たちを敵に回すと非常に怖いです。当校に来校される際には、ぜひ気をつけてください。

採用が決まった山田先生は、研修という名目で大学卒業前から東朋にやって来てもらいました。しかし、私の彼女に対する第一印象は、それほど良いものではなかったのです。

今でこそ、優しく明るい先生として生徒からも慕われる山田先生ですが、実は東朋に赴任した当初は、非常に暗い印象で、普段からあまり表情を変えずに淡々と仕事をこなすタイプだったのです。私もよく「もっと笑顔を見せぇ」と声をかけていたのを覚えています。

しかし、そんなある日、採用のお礼として電話をくれた山田先生の恩師、西牧先生から、意外な言葉をもらいます。

「太田先生、見る目ありますわ」

「何がですの？」

「いやいや、一番ええ子を採用してくれはりました」

「ほんまですか？」

そう西牧先生に言われても、私の気持ちは半信半疑でした。やはり山田先生への第一印象が少し気になっていたのです。

「あの子が一番仕事できると思います。心配せんでください」

西牧先生からすれば、6人のうち1人でも採用してもらえれば有難い話です。ですから、わざわざそんなことを言ってくるのは、おそらく電話での言葉は本音だったのでしょう。しかし、そのときはまだ、西牧先生の言葉の意味がいまいちわからなかったのです。

平成19年の「総合ビジネス学科」立ち上げ初年度に、同学科へ入学してきた生徒は7名でした。

授業の進め方など、大まかな内容は私と泉先生で事前に方針を固めていきましたが、細かい指導など内容のすべては山田先生一人に任せることにしたのです。彼女は、もともと養護教諭を目指していたこともあってか、積極的に7名の生徒と関わろうとする姿勢を見せてくれました。ただ、いくら7名と言えども、一人で一つの学科を任されるのは至難の業です。まして、山田先生にとっては教員デビューの年でもありましたから、覚えることも多く、不安もあったに違いありません。私は逐一、彼女には「何か変えたほうがいいことや意見があれば報告して欲しい」という旨を伝えていました。すると、彼女からカリキュラムの改善など、いくつか相談が持ちかけられるようになります。

「校長先生、こんなふうにしたいんですが」

私はまとめられた書類を目にしながら彼女の説明を聞きます。

「ええやないか。それでいこうや」

すると、また数日後に彼女から相談が持ちかけられました。

「ええやん。それでいこう」

そんなやりとりが何度か繰り返されていくうちに、私は、はたと気がついたのです。

「そう言えば山田先生。これまで僕から注意されたことってあったか？」

「授業のことでは、あんまり……」

「そやな。僕は君からの提案をいつもＯＫしているように思う。なんでや？」

「いや、それは先生に注意されないように持ってきているからです」

彼女は私に提案する前に、何度も何度も自分のなかで検証を繰り返してから相談にくるのだと話します。思い起こせば彼女から提案される内容はいつも、どこにも不備がありません。

「完璧主義やな――」

資金面や指定科目など、事前に私から注意されていた課題点も網羅されています。ですから、彼女は単に自分の理想や考えだけをまとめているのではなく、私の言葉もしっかり拾っているのです。非の打ちどころがないのも当然です。

なるほど、西牧先生が話していた「一番ええ子」とは、このことだったのか。

「もともと負けず嫌いなんです」と山田先生本人は、自分の性格をそう分析します。

「これも性格なんでしょうけど、あまり突っ込まれるのが苦手みたいなんです。几帳面だとも言われます。だから、どんなことでもいろいろなパターンを想定して、こう指摘されたらどうしよう、みたいなことを常に熟考、熟考して提案しているんです。アイデアが思いついても自分のなかで温めますね。太田先生のところへ持っていくまでに半年かかることもありますよ」

もう一つ、山田先生には教員として非常に大切な姿勢が備わっていました。それは、常に現状に満足せず、日々生徒と関わっている点です。そのため、彼女からは次々と新たな発想が生まれてきます。

今でこそ、生徒個々の学力に応じて指導を行う「習熟度別授業」が主流となりましたが、そうした視点も彼女はいち早く取り入れています。

「例えば、2時間国語の授業があったら、最初の1時間を教科担当の先生が教えて、その後の1時間は担任が個別課題の対応をするかたちを取っていました。その形式は私が来た時点で決まっていたのですが、生徒の数が増えていくに従って、最初から学力に応じた習熟度別をやろうと。ただ、習熟度別と言っても、東朋の場合、本当に生徒のタイプが様々ですから、二つや三つには簡単に分けられない。学年が上がっていくと、今度は進路の問題が出てきますから、学力じゃなくて進路別にクラスを分けたり。また、卒業を前に一般科目ばかりやっていては社会に出たとき心配だから、生徒によっては生活スキルを身につける授業を増やすなどしていきましたね。一般科目も授業を減らしたというわけではなく、最低限の教科指導は行いながら、内容をより生活面に寄せるなど工夫しました。ですから国語なら『表現』のようなかたちで名前を変えて、幅広く身につけていこうと」

こうした対応は保護者に大変喜ばれる結果となりました。

当時、その内容がどれほど細分化されていたかと言えば、例えば同じ国語の授業では、片方で長文の読解を行い、片方で漢字の書き取り、その一方で平仮名の練習をするなど、そこまで生徒のレベルに合わせた個別の対応が行われていたのです。

「習熟度別授業は、教員からしてもメリットが多くとても効率的でした。また、生徒にとっても自分と同レベルの仲間と勉強できるから、お互い切磋琢磨し合えるし、関係が深まればわからない部分を教え合う雰囲気も生まれていきました。これが集団授業のメリットですね。完全な個別指導も悪くはないんですが、それで教室が塾みたいなスタイルになったら学校としての意味がなくなる。やはり社会に出ていくためにはある程度集団としてのコミュニケーションを保持しなければなりません。それは学年が上がるにつれて、進路の時期になれば、その関係性というのがより重要になっていきます」

## 特別支援学校から新たな視野を求めて

山田先生の功績もあり、「総合教育学科」はその後、年を追うごとに生徒数が増加し、そのぶん、教員の数も毎年のように増強されていきました。現在は「総合教育学科」だけで40名以上の教員を構えています。

清岡奈津子先生もその一人。先にも述べた通り、彼女は東朋に赴任する以前まで、大阪府の特別支援学校に勤務していました。支援学校のなかでも、教育コーディネーターとして府内の小中学校と連携を図る役割を担うなど、当時、府の教育委員会からも大変厚い信頼を得ていたベテラン教員です。そんな彼女がなぜ、東朋への赴任を希望したのか。

「コーディネーターの研修会で東朋の存在を知ったのが始まりです。私も10年以上支援学校のなかで働いてきて、『健常の子と障がいのある子が一緒に学ぶ環境ってどんなもんやろ?』と気になっていたのです。さらに、そのなかには不登校の子もいる。いろんな事情を抱えた生徒をトータルに支援していくことにすごく興味を持ったんです」

支援学校とは違う視点から、特別支援を考察してみたい。清岡先生のなかで、自身の教育的視野を広げていきたいという気持ちが強くなっていったのです。そして、実際に東朋へ赴任してみると、想像以上のものが見えてきたようです。

「それまで、障がいはあって当たり前という環境で働いていました。だけど、捉え方は人それぞれなんだなと。生徒のなかには療育手帳を持っている子もいれば、持っていない子もいる。高校生段階で『自分は何者か』と悩んでいる生徒。障がい者だとは思われたくない生徒。支援学校は嫌で、あえて東朋を選んだというリアルな声も聞きました。支援学校がすべてとは思いませんが、あからさまに『ノー』と言われたときは、正直、抵抗がありました。だけど、そうした本音を聞いていくうちに、『あぁ、なるほどな』と納得する部分も増えていきました。本当にいろんなタイプがあって、いろんな捉え方、気持ちがあるんだと。そこで初めて、個々の支援の必要性が本当の意味で実感できたんだと思います」

清岡先生は「総合教育学科」の教員ですが、実際、東朋には「普通科」の生徒たちもいます。さらに多くのタイプの生徒と接することとなり、長年、支援学校で働いていた彼女にとってはカルチャーショックも多かったようです。

しかし、清岡先生が支援学校で培ってきたノウハウが、その後、東朋で活かされていったことも事実です。

「支援学校ではいつも3、4人の生徒を相手にしていましたので、それが10人に増えて最初は戸惑いました。だけど、集団を見つつも、一人ひとりをしっかり捉えてないといけないという視点は今でも活かされていますね。そのなかで、『ここは目を離したらあかん』、『今は放っておいても大丈夫』というバランス感覚も自分のなかに備わってきて。でも、東朋はチームで動くから、他の先生と連携を図りながら生徒を見守っていける。私としても、他の先生方の見方も学びたいし、生徒にとっても、いろんな先生と関わることは大切だと思っていますので」


現在の東朋は、こうした教員たちの新しい発想と熱意によって教育活動が実践されています。もちろん、長所、短所は様々にあります。しかし、清岡先生が「チーム」という言葉を使ったように、適材適所のなかで、教員それぞれが自分たちの役割をしっかり担っていけるまでに変化していきました。まだまだ体制は不完全かもしれません。しかし、「考える」教員が一人でも増えることで、東朋はますます「困っている」

生徒を救える学校へと成長していけるのだと思っています。

## 夢を持ち続ける

私は人からよく「機転が利く」「行動力がある」などと言われることがあります。それは、とても良いふうに表現してもらっているだけで、実は、ただ私の性格がせっかちなだけなのです。しかし、東朋の学校運営には、そうした私の性格も少しは活かされたように思います。私は泉先生と協力し、短期間の間に多くの改善を行っていきました。カリキュラムの改良、新コースの設置、新しいイベントの実施。「将来のために情報スキルが必要」と思えば、調理室をコンピューター室につくり替えたこともありました。生徒が増え、教室が足らなくなると、学校の近所に別の実習校舎を構えました。自慢ではありませんが、私が思いついた企画は、これまでほとんど立ち消えになったことがありません。

東朋に定期的にやって来てくれているカウンセラーの先生から、私自身について、こんなふうに言われたこともあります。

「先生は自分の考えはったことを全部具現化できる能力を持ってはりますわ」

それは、私自身が常に自分で考えついた物事に対して「どうすればできるだろう」という視点で日頃から生活しているからです。そのため、校長という立場ながら自ら行動を起こすことも多く、それを実現させるまでは、あきらめずに努力を続けます。

例えば平成19年に初めて今の「総合教育学科」にあたる「総合ビジネス学科」を立ち上げた際、その年の生徒数は１４７名でした。東朋の生徒数が最も落ち込んだ平成12年の生徒数は87名。私はその後の７年間で、ある程度１５０という数字をイメージしながら「総合ビジネス学科」の立ち上げに動いていたのです。

ただ、そのぶん私の行動に付き合わされる先生方は大変だったかもしれません。しかし、弱音を吐く教員はほとんどいませんでした。私は良い意味でも悪い意味でも他人より考えるスピードが早いと思います。そうしたスピードにほとんどの教員がついてきてくれました。そうした教員の力がなかったら、多くの改革を実現することはできなかったはずです。

私は特に男性の教員に「夢を持ち続けなさい」と話します。大人にとって「夢」とは、実にしんどく実現しにくいものです。しかし、自分が1年後どうなっていたいか、どうした立場でどんなことをしていたいかをイメージできなければ、目の前の現状は何も変わっていきません。具体的な目標を設定し、それに向かって日々行動、考察することが大事なのです。私にも、まだまだ多くの「夢」があります。思いついても実現できていないことがたくさんあります。しかし、私自身が未だ「夢半ば」だからこそ、まだまだ東朋には変化していける余地が残っているのだとも感じています。

# 第5章　その子とどれだけ話したか

## 「力でいってもダメだよ」

私は1957年に、兵庫県神戸市で生まれました。

小さな頃から野球に親しみ、将来はプロ野球選手を夢見て、日々練習に明け暮れていました。勉強はさほど得意ではありませんでしたが、スポーツだけは誰にも負けず、また、ひょうきんな性格もあってか、友達も多かったと思います。特に私の通っていた中学校は全校生徒2000名のマンモス校で、自慢ではありませんが、当時学校で私のことを知らない生徒はいませんでした。野球はチームの誰よりも上手く、学校では教室中を笑わせる人気者。友達には廊下ですれ違うたびに声をかけられ、ときには「お前、絶対プロ野球選手になれるわ」と言われ、私も自信満々に「絶対そうやわ！」と答えていたのです。

それが高校入学と同時に状況がガラッと変わります。私は中学までに培った大きな自信を背に、兵庫県内の甲子園名門校に入学します。しかし、それまでの私の自信は一瞬にして消え去りました。野球部の部員は総勢100名を超え、同級生は自分よりもはるかにレベルの高い選手ばかり。

「これはあかん。プロどころかレギュラーすら難しい――」

私はすぐ、次に進むべき道を考えました。最初に頭に浮かんだのが「学校の先生」。しかし、小中学校の通信簿を思い返せば「もうちょっと勉強してください」「中学で学力をあげましょう」など、そんな内容ばかり。今から勉強しても間に合わない。でも、一つだけ可能な選択肢がありました。

それが体育の教員でした。私は高校卒業後、東京の大学へ進学し、そこで体育の教員免許を取得。しかし、卒業後はしばらく水泳のインストラクターを務めることになります。

インストラクターの仕事には非常にやりがいを感じ、教え子からはジュニアオリンピック選手を輩出するなど、日々真剣に仕事に向かっていました。しかし、やはり心の片隅に教員への憧れが残っていた私は、30歳のとき、神戸の私立学校の採用試験を受けることにしたのです。

採用試験には私以外に数十名の応募があり、待ち教室は、入りきれないほどの受験者で溢れかえっていました。さらに試験直前に面接官から「採用されるのは2、3名です」と伝えられます。その時点で、私は採用は無理だと直感しました。他の応募者の肩書を聞けば「○○高校で教員をしています」という人ばかり。教員経験のないインストラクターが、この倍率で受かるはずありません。「なんや、プロ野球選手もダメで、教員もあかんのか」「まぁ、今の仕事も嫌やないし、それを続けていこう」。そのときばかりは私も珍しく自信を失い、半ばあきらめ状態で面接を受けたのです。

しかし、その1週間後、信じられないことに、私の手元に採用の通知が届いたのです。私の採用理由については、その後、詳しく聞く機会は得られませんでした。しかし、想像するに、インストラクターというほかとは違う経歴が、当時、神戸の学校が抱えていた課題と方向性に上手くマッチしたのだと思います。

神戸の学校は、周囲でも「やんちゃで元気な生徒が多い」と有名でした。トラブルは日常茶飯事。私が赴任した初日から、教室で花火、水爆弾、学校周辺をバイクで暴走。警察沙汰になることもしばしば。生徒間のトラブルが起こり、被害に遭った生徒の自宅へ謝罪に行くと、明らかにコワそうな面構えの人たちに囲まれ、命からがら逃げ出したこともありました。

また、どういう訳か、私は2年目から生活指導主任を任されるようになり、その頃からは専門の保健体育の授業よりも、生活指導をする時間のほうがはるかに長くなっていたのです。

私は当時、毎日教員を辞めることばかり考えていました。

しかし、自分に対するプライドが許さず、できる限り指導を続けたのです。当時は私もまだ若く、指導について知らないことが多かったため、ついカッとなっては生徒と毎日体当たり。力でねじ伏せようとする場面もありましたが、なかには格闘技でチャンピオンになるような生徒もおり、そうした相手にはいくら私でも敵いません。

そんな私も、少しずつ生活指導のノウハウを学ぶことになります。当時、神戸の学校の理事長が一貫して主張していた教育方針は、「生徒と話をする」そして「校則が他人の権利を侵さない」というものでした。こうした考えの基本に「反管理教育」があったのです。

当時は、どの学校も厳しい管理教育を敷いていました。髪の毛の襟の長さ、ベルトの位置、使用して良いトイレットペーパーの長さまで。事細かい規定は当たり前でした。しかし、私は神戸の学校で先輩方から常々「生徒の話を聞いているか?」と指導を受けました。ただ、まだその言葉の意味を理解していなかった私は、「そんなの無理や。こんな状況で話なんか聞けるか」とも思っていたのです。しかし、あるとき一人の先輩教員からこんなことを言われました。

「力でいってもダメだよ」

私は驚きました。その先輩は空手を専門にしており、その先生の力ならどんな生徒でもねじ伏せることができると思っていたからです。しかし、よくよくその先輩の生徒対応を見ていると、彼が一言「もうやめとけ、行くで」と言うだけで、生徒は素直に言うことを聞き入れていたのです。そうした指導はほかの先輩方も同じでした。理由は簡単です。他の先生方は日常的に生徒の話に耳を傾けていたのです。事前に関係性を築いていたことで、生徒も素直に教員の言葉に耳を傾けることができたのです。

当時、神戸の理事長はよく「リレーション（関係、つながり）を取りなさい」といった話を私にしてくれました。そこから私も意識的に生徒の声に耳を傾けるようになります。問題が起こった際も、「なぜそれがいけないのか」という理由を説明したり、授業をいったん中断し、一人ひとり懇談の時間を設けるなど様々な工夫をしたのです。すると、半年ほど経って生徒の反応が変わりました。「この先生は少し違うな」と思ってくれたのでしょう。

そうして生徒の変化を実感すると同時に、私自身、教員としての仕事のやりがいを感じ始めていったのです。

## 嘘から出た実

やがて、初めて受け持った生徒が卒業するまでに至りました。

当時の出来事は、今でも鮮明に思い出すことができます。

教師デビューを飾った初年度、私は2年生の担任を持ちました。ある日、私が教室に向かうと、クラスには生徒が2、3人しか残っていません。残っていた生徒に「みんな、どこ行ったんや？」と聞くと、一人の生徒が一言、

「モーニング」

と答えたのです。

私はすぐに近くの喫茶店を隈なく探し歩きました。しかし、どこにも生徒の姿が見当たりません。

仕方なく、近所の方に「すみません、この辺でうちの生徒を見ませんでしたか？」

と尋ねます。すると、その方は妙に納得した様子で、

「ああ、生徒さんならパチンコ屋さんですわ」

と返してきたのです。

「なるほど――」

私は驚くと同時に呆れてしまいます。「モーニング」とは、パチンコ店が朝の開店時に行う「モーニングサービス」のこと。

早速、近くのパチンコ店へ向かうと、複数の制服姿が見えてきました。

「お前ら、何してんねん⁉」

「見たらわかるやろ！　パチンコや！」

「そやけど、お前ら高校生やないか！」

生徒に言っても無駄だと思った私は、パチンコ店の店長を呼び出し、「すぐに外へ出させてもらえませんか。こいつら高校生なんですわ」と訴えます。しかし、店長からすれば彼らはいつも来店してくれる常連さん。「うるさいなぁ」と一言で返されてしまいます。仕方なく、

「おい、ええ加減にせぇ！　はよ行くで」

「もう、いつものことや。そんなこと言うの先生くらいやで」

「そんなの関係あるか！　今日からは俺がお前らの担任や。ほら、行くぞ！」

「ごめん、今、玉出てんねん！」

そんなやりとりを繰り返しながら、なんとか生徒を学校へと戻しました。その後、生活指導を行いましたが生徒は聞く耳を持ちません。生徒なりに「どんなもんか」と

私を試していたのでしょう。「どうせ、太田先生なんかすぐ辞めるで」と、一人の生徒が聞こえるように言ってきます。

「アホ！　お前ら卒業させるまで辞めるか！」

私も当時はまだ若く、口から出まかせでそんな宣言をしてしまっていたのです。しかし、本音は毎日のトラブルに辟易し、いつ学校を辞めようかと、そのタイミングをうかがってばかりいました。

しかし、悪戦苦闘しながらも、どうにか私は彼らを卒業させることができました。

彼らとは卒業した今でも交流があり、ときどき飲み会に誘われることもあります。その際、パチンコを打っていた一人の卒業生が、思い出話に「先生、俺らを卒業さす言うたで」と振り返ります。それを言われると、思わず私も顔が赤くなるのですが、そこで「なるほど」と気づくことがありました。「そうか、生徒は教員の言葉をしっかり聞いている」。言った自分が忘れているようなことでも。

後に神戸の学校は平成7年に起きた阪神淡路大震災で校舎が倒壊し、その後の経営が難しいと判断されたために閉校となりました。しかし、私はここで教師としての多くを学びました。当時、主流であった管理教育に染まることなく、問題の本質をしっかり見据えた教育のあり方を教わることができたのです。

私の教師デビューの場としては、これほどまでに恵まれた環境はなかったと思います。神戸での経験が、その後の教師人生、そして東朋高等専修学校の多くの場面で活かされたのですから。

## 気配り、目配り、心配り

そして、東朋に赴任後、私が何よりも先に気にかけ、いち早く改善に取り組んだのが生活指導だったのです。そこで、私は神戸での経験や教えを活かしつつ、東朋の生徒の実情に合わせた指導のあり方を探し続けました。

東朋は神戸に比べ、生徒の様子がどこか幼く見えました。そのため、起こるトラブルもどこか大人しく思え、特別驚くこともありませんでした。

ただ、大きな違いが一つありました。東朋の生徒は、何らかの原因でこれまでの学校生活に「困って」おり、その苦戦によって自分自身に自信を失っているように映ったのです。その「自信のなさ」をひも解いていくと、中学時代の不登校経験、人間関係のもつれ、学力不振、それも発達障がいが関係していると疑わしいケースだということがわかってきます。

こうした生徒状況のなかで、教員としてどのような生徒対応が望まれるのか。

次に挙げるのは、私が東朋に赴任してからの経験のなかで気づいた、東朋で働くすべての教員に必要だと思われる素質です。

・生徒が好きであること
・自立する力を教えてあげられること
・「知識」よりも「知恵」を教えてあげられること
・生徒の「個性」、「可能性」を信じられること
・「気配り」「目配り」「心配り」ができること
・「考える力」を身につけさせてあげられること
・自分と相性の悪い5人を指導できること
・アサーティブな表現ができること
・生徒の価値観を変えてあげられること
・夢を持ち続けること

細かく書き出しましたが、すべてに共通するのは、常に生徒の個性に目を向け、柔軟に対応できるということです。そして、何よりも大事な視点は、先にも述べたように、すべての生徒に「特別支援」を行うという心構えです。それは、生徒が１００人いたら、１００通りの指導を行えるということでもあります。

現在、生活指導主任を担当する脇西歩先生は、ここで挙げた素質のなかでも、特に「気配り」「目配り」「心配り」ができる教員の一人です。彼は私と同じ保健体育の教員で、東朋のなかでは中堅の職員になります。以前までは京都の中高一貫校で教鞭を執っており、退職後は1年間民間の企業で勤務していました。その後、知人の紹介で東朋へ赴任し、現在に至ります。性格は非常に明るく、職員室では常にムードメーカー。しかし、前任の泉先生同様、目の行き届いた生活指導には定評があり、生徒や他の職員からも非常に厚い信頼を寄せられています。

脇西先生の長所は、男性としては珍しく、非常に気が回り、女性的な観点から全体の細かい部分まで目が行き届くところ。普段から生徒のこともよく観察しており、声かけも積極的に行っています。

「バスケットボールをやっていたからとか、いろいろ理由はあるんでしょうけど、気がつくと自然と人を見ているんですよね。例えばフロアに大勢人がおったら無意識に一人ひとりの動きを見ているんです。雰囲気が良くなかったりすると、自分も居心地が悪いんで、なんとなくその場を明るくしようとしてみる。これは生徒に対しても同じで、例えば朝登校してくると、その子が今日は元気かどうかが気になるんです。そこで元気がなさそうなら声をかけてみる。また、新任の先生が入ったときなどは、上手くとけ込めるような雰囲気づくりをしたり、そういった人が意識しないとできない部分を、僕は無意識にできているんだと思います」

東朋高等専修学校が多様な生徒を預かり、それぞれの個性を伸ばしていく教育を志している以上、こうした教員の素質は絶対的に必要となります。１００人の生徒に１００通りの指導を行うには、常に生徒一人ひとりの状況を把握し、気持ちを理解しておかなければなりません。これらは「気配り」「目配り」「心配り」の３つの視点がなければ務まりません。

次に、私が東朋の教員に求めている素質は「考える力」を身につけさせてあげられる指導です。これは教科指導、生活指導すべてにおいて言えることです。頭ごなしに「勉強しなさい」「挨拶ができるようになりなさい」と指導するのではなく、「なぜ、それが必要なのか」「どうしたときに活用するのか」という本質的な部分から教えていきます。つまりは「転ばない方法」ではなく「転んだときの起き上がり方」です。

一つの事例としては、現在、秋田県が全国学力テストで毎年高水準の成績を誇っており、全国の教育関係者から注目の的となっています。要因には県の指導方針や徹底された検証・改善などが挙げられますが、最大の理由は各学校現場で「考えさせる授業」が実践されていることにあると思います。

文部科学省は平成30年度まで、国語、算数・数学における調査について、【「知識」に関する問題】をA問題、【「活用」に関する問題】をB問題と位置づけていました。A問題は「身に付けておかなければ後の学年などの学習内容に影響を及ぼす内容」、B問題は「知識・技能などを実生活の様々な場面に活用する力などにかかわる内容」としており、秋田県は、このうち特にB問題に強いと言われていました。B問題は、言い換えれば「社会で自立できる力」です。授業も非常に工夫されていて、私が見たところでは、例えば問題の答えがすでに出されている状態から、「なぜ、この答えにたどり着くのか?」といった考察をグループなどで行っていました。

こうした機会を教科授業の面だけでなく、多くの場面で実践していけたらと思っていいます。事例のように、世間的にはどうしても学力面ばかりが取り上げられますが、東明にとって必要とされるのは、社会性や生活スキルの向上です。「考える力」は、実は学力以上に必要な能力なのです。

脇西先生も日々、「考えさせる」指導を意識して生徒と接しているようです。

「例えば、喫煙行為が発覚したとき、生徒は簡単に『もう吸いません』と言います。それで週明けに改めて『学校のない土日はどうしてたんや？』と聞くと、本人は口ごもりますね。それやったら意味がない。土日吸っていたらやめられへんやろう、という話です。タバコを吸う人なら理解できると思いますが、学校のある朝から夕方まで1本も吸わずに我慢するのはしんどいですよ。善悪の問題とは別に、指導ではそうした『本音のトーク』が必要なんですね。そのうえで『東明高等専修学校は喫煙行為をする生徒を置いておけません』と、こちらの本音も話してあげる。

また、朝寝坊が多く、決まった時間に登校できない子がいます。別に、世の中には朝無理に登校しなくても高校卒業資格が取れる学校があるわけです。だけど『うちはこういうやり方なんですよ』という話をはっきり伝える。そのうえで、『さて、君はどうしたいの？』となるわけですね。そこではじめて本人は考え出します。自分は東明で学校生活を続けたいのか、続けたくないのか。つまり、最終的な選択を本人の判断に委ねることが大事なんです」

誤解して欲しくないのは、脇西先生は決して学校のスタイルに合わない生徒を無理に辞めさせようとしているのではありません。むしろ彼ほど何度も生徒にチャンスを与え、「戻ってきて欲しい」との想いで指導している先生はいません。

ただ、「ルールだから」と指導をすべて一言で済ませてしまうのは簡単です。反対に「いいよ。次からやめようね」と許してしまうことも簡単です。しかし、それでは生徒に「考える力」を養ってあげることはできません。また、脇西先生が話すように、「考えさせる」とは、単純に「君はどう思う?」「考えてごらん」と考えることを生徒に丸投げするのではなく、対応する教員自身が生徒と同等の目線に立ち、個人としての本音を語ってあげることも大切なのです。

しかし、こうした真剣勝負の指導は、多くのリスクと苦労も背負うことになります。「正直に『タバコやめられへんから学校辞めます』と言ってきた生徒もいましたよ。僕も心のなかでは『タバコ1回で学校辞めんのか?』と思います。実際に辞めて、その後、父親の塗装業を手伝ってるって話を聞いたりなんかすると、『ダラダラ学校にいるよりも、そうした人生のほうが本人には良いのか――』と自問自答することもありますね。

ただ、そうなると今度は『脇西歩』としての本音もぶつけてみるんです。『本当にそれでええんか？』と。学校、あるいは生活指導主任としての本音はこう、担任としてはこう、だけど、いろんな経験をしてきた一人の大人『脇西歩』としてはこうと、本音にもいろいろ種類がある。

だけど、基本ベースとして、東朋はどんな生徒でも『頑張りたい』という子には必ずチャンスを与えます。それは僕がここに来てから学んだこと。だから、根底として『チャンスを与える』という学校の方針が揺るがない限り、僕らは正直に本音をぶつけ合うことができるのだと思います」

## 裏切られても、許す力

生徒が「頑張りたい」という気持ちを示せば、何度でも手を差し伸べてあげるのが東朋の考え方です。

ところが、以前、脇西先生が指導したなかで、留年瀬戸際の補習期間中に喫煙が発覚した生徒がいました。そんな時期に、よくできると思うかもしれません。しかし、徹底的に話し合った末、脇西先生はその生徒を仮進級させました。暴力事件ともなれば話は別ですが、東朋では、窃盗をして少年院に入った生徒でも、「即退学」といった決断をしません。しっかりと罪を償ったことを認めて、そのうえで「これからどうしたいか」を話し合っていきます。

しかし、いくら生活指導が仕事とはいえ、脇西先生も一人の人間です。信念を持って取り組んでいても、なかなか伝わっていかない指導への歯痒さに、自ら押し潰されそうになる瞬間もあるようです。

「ある意味『もう信じられへん』と思うときもありますよ。だけど、教員というのは警察じゃないから、何度も騙されてあげないとダメなんです。自分が少し甘いのかもしれませんが、裏切られたという感情よりも『なんとかしてあげたい』という気持ちがいつも上回る。でも、僕はそういった想いを常に持っていたい」

人の間違いに怒りや苛立ちを覚えてしまうのは仕方のないことです。まして、それが自分の子どもや指導している生徒であれば、なおさらのことでしょう。しかし、心のどこかに「許す」スペースを設けていないと、いずれ「できない」部分だけで相手の印象が満たされていきます。気がつけば、揚げ足を取るように相手の欠点ばかりをチェックして、「またやった。またやった」と、偏った視点でしかその人を評価できなくなってしまいます。見えてくる欠点が積み重なれば積み重なるほど、自分の「許せない」感情も増長していくばかり。実はそこに小さな変化が隠れているかもしれないのに、それを取り入れるだけの心の余裕がどこにもありません。小さな変化とは、次につながる「可能性」でもあります。心に「許す」余裕が持てない限り、やはり生徒の可能性を引き出すことはできません。

もちろん、学校として責任を負えない事態もあるかもしれません。しかし、そこに生徒が変われるチャンスがある限り、私たちは何度でもその機会を与えます。例えばそこに発達障がいが関係していても、「何を言っても理解できない」とあきらめることはないのです。１００回教えてできなくても、１０１回目にできるようになるかもしれない。そうした「可能性」を常に信じてあげることが大切です。

しかし、なぜ今の社会でこうした余裕ある指導が困難なのか。それは、そのぶん裏切られることが多いからです。

これは、教員を務める方であれば誰もが共感してもらえることだと思います。教員というのは、いつも「１００％教えている」のです。普段の授業では教えるべき範囲をまんべんなく教え、そして、テストでは教えた範囲しか出題しません。しかし、どんなに完璧な授業を行ったとしても、生徒から返ってくるのは、80点や50点であったりするのです。「俺の教え方が悪いんや」と思えれば良いのですが、「しんどいなぁ」という感情が本音ではないでしょうか。ですから、特に教員とは「許す」気持ちがなければできない仕事なのかもしれません。

脇西先生は、こうした生活指導には「マニュアルがない」と話します。

「生活指導は常に1対1、一人ひとりをどうしていくか、というものですからね。だから、今自分がやっている指導方法を誰かに引き継げるというものではないし、データが残っているわけでもない。だけど、例えば生徒が『次から頑張ります』と言ったときに、それが本心なのか嘘なのか、その本質を見抜く感性と判断を僕は委ねられている。それでも基本は生徒を信用してあげないといけないから、警察みたいに『ホンマやな？　ホンマやな？』と何度も追及して疑うこともできない。そこが生活指導の難しいところでもあります」

## アイスクリームが溶け出す前に

5月の連休明け。

東朋では毎年この時期に「東朋スポ☆レクＤＡＹ」という恒例行事を行っています。

この「スポ☆レクＤＡＹ」は、午前中に綱引きやリレーなど誰でも参加しやすい内容で体を動かす小運動会、午後にはキャンプ場でバーベキューを楽しむプログラムとなっています。

全員参加ですので、毎年５００名近い生徒が集まります。しかし、そのぶん先生たちは大変です。人数分の食事（特に食べ盛りの生徒たちなので調達する食糧も大量です）も用意しなければなりませんし、火を熾す炭も、ふつう想像するような量では足りません。準備や手配で教員があたふたしていると、今度は勝手な行動に出る生徒が現れ、先生たちは一日中、いたるところに目を光らせていなければなりません。

校長の私はというと、高台のベンチに腰かけ、全体の動きを観察します。こうした場面では、生徒の様子や教職員の動きが非常によく見えるからです。教員たちの「気配り」「目配り」「心配り」はもちろんですが、日頃学校内ではなかなかわからない先生方の個性も見えてくるので、その後の指導や方針にとても役立ってきます。

生徒たちは、元気な子も大人しい子も、タイプに関係なくみんなが一緒になって楽しんでくれています。しかし、そうしたなかでも、やはり羽目を外す生徒が出てくるのです。

案の定、私が高台から様子を見ていると、こっそり集団から抜け出して、近くの売

店へアイスクリームを買いに行く生徒を発見。私はすかさずメガホンを取り出し、

「コラァ、そこぉ！」

と怒鳴りつけます。

アイスクリームを買いに行ってしまった生徒とは、入学したての新1年生です。

東朋の生徒たちは、傾向として、2、3年生になるにつれて先生の言うことを素直に聞くようになります。これは指導のなかで、早い段階からしっかり学校の方針、クラスの方針を伝えているからです。

私はよく「最初が肝心」だと先生方に話します。それは入学当初の対応次第で、その後の生徒自身、あるいは学年の成長度合が大きく変わってくるからです。

入学してくる生徒のほとんどが、それまでに非行や不登校、発達障がいなどで否定的な評価しか受けられなかった子どもたちです。中学時代には「落ちこぼれ」と呼ばれ、「君たちさえいなければ」とまで言われてきました。当然、学校に対する彼らのイメージも否定的です。「親が言うから」「卒業するまでは仕方なく」という理由で東朋に入学してくる子も少なくありません。

しかし、そうした感情を持っていながらでも、彼らは入学した4月から一生懸命学校に通ってきます。それは彼らの心のなかに少なからず「頑張ろう」という気持ちが

残っているからです。また「面倒臭い」と口では言いながらも、進学を機に、東朋という新しい環境でこれまでの自分を変えていきたいと、内心期待しているのかもしれません。

　このように、入学後の生徒たちの気持ちは高揚しています。そうした時期に一番気をつけなければならないのは、彼らの張りきった期待を裏切ること。私たちの対応が、それまで経験してきた中学校と同じであったら、生徒たちは幻滅し、「こんなんでええんか」「ここも同じやないか」と学校生活や教員に見切りをつけてしまうでしょう。

　一度、頑張ろうと向上していった気持が下降線をたどるのは非常に早いものです。最初に生徒たちのモチベーションが傾き始めるのが、「東朋スポ☆レクデイ」が開催される5月連休明けから梅雨時にかけて。この時期、いかに丁寧な指導ができたかどうかで、先の結果が大きく変わります。ここを踏ん張り、乗り越えられたクラスは、秋頃から持ち直してその後成長していけます。反対に上手くいかないケースというのは、「俺もええわ」「私もええわ」とネガティブな雰囲気が生徒のなかで伝染してしまう状態です。クラス担任は学校の方針やクラスの方向性を事前に明確に打ち出し、それに向かって生徒たちが頑張っていけるよう、モチベーションをコントロールしていかなければなりません。「学校生活に慣れるまでちょっと甘く見よう」という考え方もありますが、実はこれが最も危険。一度傾いてしまった悪い雰囲気を持ち直すのには非常に時間がかかるからです。

## パフォーマーとしての教員

さて、アイスを買ってしまった新入生ですが、翌日改めて生活指導を受けることになります。本来なら先輩である2、3年生がその場で彼らを叱ってくれたほうが、教員が指導するよりも効果があります。しかし、不思議なことに東朋は先輩後輩といった上下関係が緩く、なかなかそうしたかたちにはなりません。ですから、余計に1年生への指導は大変です。

難しいのは、5月の段階では、まだ新入生と教員との関係性が出来上がっていません。生徒からすれば、自分のことを何も知らない大人が突然「お前！」と言ってくるのですから、「何言うとん！」と反発したくなるのも当然です。「最初が肝心」とは言うものの、こうした不安定な関係で指導をするのは、教員としても非常につらい時期なのです。

当然、注意をしても一度で素直に聞き入れてくれる生徒たちではありません。彼らもそれなりの覚悟を持って行動しているのですから、なかなか手に負えないケースも出てきます。そのように指導に行き詰ってしまった際に用いる、生活指導上のある手法があります。それは「ふっかける」という手です。

例えばアイス事件を例に挙げると、最初は「勝手に買ってきたらあかんやろ」「買えへん生徒もおるんやぞ」と一般的な言葉で指導をします。ただ、そこで「すみません」「もうしません」などと言う生徒はいないため、翌日改めて指導をします。しかし、そこでもやはり教員の話をまったく聞き入れません。そのまま放っておくわけにもいかないので、そこで教員が「ふっかける」のです。

「お前、ええ加減にせえよっ！　こんなんやったら、もう帰れ！」

「なんやと！」

ポイントは、とにかく「生徒を腹立たせる」こと。生徒を怒らせ、教員に向かって来るように仕向けるのです。どんな暴言が出ようが、何を言われようが関係ありません。先にも述べたように、この時期の指導で最も足りていない要素は生徒との関係性です。こうした場面では、教員自ら「関係性」をつくり出していくほかありません。生徒が感情を表に出してくれたとき、初めてその子が「指導対象」になります。ここでようやく1対1、人間対人間の関係が生まれるのです。

もちろん教員にとっては意図的な行為、パフォーマンスです。私も校長になってからはあまりやらなくなりましたが、昔はこうした手法をよく使いました。

この「ふっかける」指導に関しては、特に泉孝雄先生が得意でした。

「教室で一番威張っている奴がいると、僕はいつも怒鳴るチャンスを待っているんです。そのときがきたら、みんなの前で徹底的に怒鳴りつけて怒るんですよ。するとその子もクラスメイトの前だから簡単には引き下がれません。本気で応戦してくる。そこで僕がさらにたたみかけてやっつけるんですね。

すると、その子は一度みんなの前で怒られて、シュンとした姿を見せてしまったから、次の日からはもう無理して威張る必要がなくなるんです。そうなると、その子自身すごく楽になって、学校生活に余裕が生まれてくる」

反対に、このとき大人しい生徒たちは、この光景をどう感じ取るのでしょうか。もし教員がしっかり注意できなかったら、彼らも「なんや」と幻滅したことでしょう。これでは彼らのモチベーションも下げてしまうことになります。大切なのは、それがパフォーマンスであっても、しっかり「教員が注意した」という姿勢を感じてもらうことです。

やんちゃな生徒が変わり始めると、周囲も「こいつ怖いと思っていたけど」と、その子への印象が変わっていきます。反対に、叱った教員に対しても「こいつやったら俺のこと守ってくれる」といった印象を持ってもらえます。そのため、こうした指導は両者にとって良い効果をもたらします。特に東朋にはやんちゃな生徒も不登校経験のある大人しい生徒も在籍するため、極端に違った生徒たちを同時に救っていける方針が必要でした。

もちろん、こうした指導には向き不向きがあります。特に「ふっかける」指導などは、女性の教員にはできません。また、それを行うには当然、相当の責任とリスクを背負います。単純に「力がある」「雰囲気が怖い」だけでは生活指導は務まりません。普段から細かいところに目が行き届き、バランス良く生徒たちに視点を向けられる能力がないとできる指導ではないのです。

しかし、「大事なのは、そこで何かが変わること」だと脇西先生は話します。

「僕も指導中に『あかん！』とその場を立ち去ることがよくあります。でも、僕は本気でそうしているわけではないんです。僕で手に負えないなら、僕がその役目になって、あとで担任がフォローするのも一つの手。最後に彼らが変われるきっかけづくりをしてあげることが大事だと思っています。通り一辺倒の生活指導だけしておっても状況は良い方向に向かっていきませんからね」

特に生活指導を担当する教員は、時として「嫌われ役」に徹しなければなりません。しかし、先ほど述べたように、騙され続けてもその生徒を許せるだけの度量も同時に持ち合わせていなければならないのです。ただ厳しい存在であり続けようとすると、やがて教員自身がその厳しさに縛られて、生徒の欠点ばかりに目を向けてしまうようになってしまうからです。

そのため、こうした指導は泉先生や脇西先生のように、ある程度経験を積んだ教員でなければできることではありません。下手に厳しく指導をしようとして、頑張ろうとしていた生徒の気持ちを台無しにしてしまうこともあります。だからこそ、生徒が今どんな状態なのかを普段から把握しておく能力、「気配り」「目配り」「心配り」の素質が教員に求められるのです。

また、「生徒から好かれよう」「優しい先生でありたい」とする教員もいます。これらはすべて教員の自己満足でしかありません。こうした気持ちのままでいると、無意識に自分にとって都合の良い指導しかできなくなってしまうでしょう。

## プロフェッショナル＝5／30人

誰にでも他者との関係において「相性」が存在します。それは教員と生徒との関係においても同じです。例えば1クラスに30名の生徒がいると、大抵そのうち5名の生徒とは相性が合いません。多くの教員は無意識にその5名を避けるようになり、関係性が築かれないために、あとになって指導が上手くいかない事態に陥ります。もちろん学校はチームで動いています。どうしても指導が困難な場合は、他の教員や生活指導担当、ときには校長である私も協力しながら解決に向かって指導していきます。

しかし、例えば「太田校長の指導だから」「脇西先生の指導だから」という理由で生徒が言うことを聞いたとしても、それは決して本物の指導とは呼べません。それは立場や権力を利用した指導であり、本当に心から通じ合った関係性で生まれたものではないからです。教員が一人の人間として認められ、「この人だから話を聞こう」と思ってもらえることが大事なのです。

例えば、清掃の時間にいつも率先して掃除をしてくれる生徒がいます。先生はそれを見ては「ごめんね、いつもありがとう」と感謝の気持ちを伝えます。言われた生徒はとても喜んで、次の日も、またその次の日も一生懸命掃除をしてくれます。しかし、ほかの数名の生徒はいつも掃除をしないまま家に帰ってしまいます。その生徒とは先生にとって相性の悪い生徒です。それまでに関係性が築かれていれば、一言「みんなもちゃんと掃除しよう」と声を掛けられていたかもしれません。しかし、トラブルを恐れ、なかなか言い出すことができませんでした。その先生は罪悪感を覚えながらも、「本人も喜んでいることだし」と納得してしまい、その状態が日常化してしまう頃には、まるで問題意識を持たなくなってしまいます。

当然、客観的に見れば、いつも掃除をする生徒、しない生徒が決まっているクラスの状態は良くありません。面倒事から避けてしまうことも、不公平に自分だけが掃除を押しつけられてしまう状況も、どちらの生徒にとっても、社会で自立していく力を養えているとは言えないでしょう。もしかしたら、いつも一生懸命掃除をしてくれている生徒も、教員にとっては「相性の悪い」生徒と呼べるかもしれません。

もし、気になる5人の生徒がいるのなら、日頃から意識的に話しかけてあげることが大切です。私も普段からよく生徒に声をかけています。あまりに声をかけてしまうので、ときに「うるさいなぁ」と疎ましがられる場面もあるほどです。

「なんでそんなに聞いてくるん？」

「お前のことが気になるからや」

## アサーティブな自己表現

「相性の悪い生徒」と関係性を築いていくためには、日頃から積極的に声をかけることと同時に、生徒、教員、両者が互いにコミュニケーションスキルを向上していく必要もあります。およそ「相性が悪い」と感じる状態とは、自分が伝えたいことがなかなか伝わらない、こちらが論理的に、冷静に話しても、そもそも相手が聞く耳を持ってくれないなどといったケースです。すると、教員であれば我慢ができず、どうしても頭ごなしに叱ってしまいます。ときには「なんやその態度は！」と上目線で高圧的に出たり、「それなら点数引いとくぞ！」と権力をかざしてしまうこともあるでしょう。しかし、それもすべて教員自身の表現力のなさの現れです。

東朋の教員には、常に「アサーティブな自己表現」ができることを求めています。いわゆる「アサーティブなコミュニケーション」とは、相手の人権を尊重しながら、その場に適したかたちで自分の気持ちを表現することです。

例えば、電車で隣に座った人の鞄が自分の肩に当たってしまったとします。相手はそのことに気がついていません。そのとき、「すみません、ちょっと当たってしまっているので遠慮してもらえますか」と言えば、スムーズに問題は解決していきます。しかし、それを「おい、当たっとるやないか！」と言ってしまったら相手の気分を害します。そしてもう一つ、非常に消極的な対処として「何も言わずに我慢し続ける」というケースがあります。これでは自分にストレスがかかってしまいます。

これを教員のケースに置き換えた場合、一番思い浮かべられるのは、騒がしくなってしまったクラスの授業です。

「おい、静かにせんかい。しなかったら点数引くぞ！」

たとえこれで静かになったとしても、あまり良い指導とは言えません。

反対に、一度も注意せず1時間を終えてしまう。職員室に戻って「はぁ～疲れたぁ」「次にまたあの教室行くの嫌やなぁ」これも良くありません。

アサーティブな方法では、その場面で一度、生徒に考える機会を与えます。

「ここでうるさくされると、とても授業がしにくいんです」

「1、2分だけ時間をあげますから、その間に話してください」

「どうしても話したいのであれば、廊下に出てもらえますか？」

表現の仕方はその教員の個性によって変わってきますが、こうしたアサーティブな表現ができないことの多くは、自分自身の指導力のなさへの焦り、あるいは体調不良や精神不安定な状態が原因として挙げられます。そのため、教員はいつも心に余裕を持っていなければならないのです。

そして、こうした表現は教員だけでなく、生徒にも教えていかなければなりません。前例の掃除を一生懸命やってくれる生徒も、心のどこかでは「なんで自分ばっかり」と思っているかもしれません。先生に喜んだ表情を見せたのも、自分の責任感や、あるいは「先生に嫌われたくない」といった気持ちの裏返しだったのかもしれません。結局は自分の不満を表現できていないのと同じで、それでは後の学校生活で苦痛を強いられてしまいます。

私は、生徒たちに「挨拶」「お礼」「ヘルプ」「謝罪」の大切さを伝えています。「挨拶」と「お礼」は、将来、社会や企業でコミュニケーションを図っていくなかで、一般常識として求められるスキルです。しかし、それと同じくらい、困ったときに「ヘルプ」が言えること、上手くいかなかったときに「謝罪」ができることも大切です。

東朋にはアルバイトをしている生徒が多く在籍しています。彼らはとても真面目に与えられた仕事をこなしてくれるため、アルバイト先から非常に良い評価をもらっています。しかし、例えば、仕事先に向かうまでの途中、普段通っていた道で工事が行われていたために、そこを通り過ぎることができない。あるいは、事務所の玄関が清掃中で裏口からしか入ることができない。こうした状況で、彼らはパニックを起こしてしまいます。どうしても融通を利かせられないのです。そこで必要なのが「ヘルプ」を言えること。「助けてください。どうしたらいいですか?」と表現し、自分で状況を変えていけるスキルが必要になります。

これらは、将来、企業で仕事をしていくうえでも起こり得る問題です。普段と同じ仕事内容でも、会社の方針で仕事のやり方が突然変わる。いつも仕事で使用している道具や必要な書類が見当たらない。そうした一つ一つにパニックを起こし、トラブルを招いていたら、その会社で仕事を続けていくことは困難になってしまいます。そこで「わかりません。教えてください」と一言伝えられる能力を持っているかいないかで、その生徒が苦労せずに社会で活躍できるかどうかが変わっていきます。

## 三世代指導

「アサーティブな表現」とは少し話が変わりますが、教員の表現力は、生徒だけではなく、保護者対応にも必要となってきます。

特に東朋の教員は平均年齢が若いため、保護者のほうが対応する教員より年上であるケースが多くなります。保護者からすれば「年下で何もわかってない」「子どもを育てたこともないのに」という視点で教員を見てしまう部分もあります。その教員が何か言い方を間違えると、保護者とトラブルになってしまう事態も起こり得ます。

そのため、教員には「パブリックスピーチ」の能力が求められていきます。年齢や立場に関係なく、自分の伝えたいことをしっかり伝えていける能力です。

特に、発達障がいのある生徒の場合、その保護者も似た特性を持っている傾向があります。なかなか話が通じないこともあり、そこでも教員の表現力が試されます。

また、発達障がいに限らず、非行や不登校などの問題を抱える生徒の場合、傾向としてご両親が離婚されているケースが少なくありません。対応する保護者が、母親のみ、父親のみという状況ですから、自ずと話す内容も変わってきます。さらにもう一つ懸念されるのは、家庭のなかが非常に険悪な状態であること。ご両親が子どもの世話を放棄してしまっているケースもあり、保護者面談などに、生徒の祖父母が訪れることも少なくないのです。祖父母の方々であれば、その時代に生きてこられたそれぞれの価値観を持っています。孫を心配しながらも、やはり新しい教育を実践しようとする東朋の教育内容に、当初難色を示される方もいます。

生徒が本当の意味で自立した大人になるためには、学校の力だけではどうしても限界があります。生徒が学校にいる時間はおよそ6時間。それ以外のほとんどは家庭にいます。学校はできる限りの指導を行いますが、そこで教えきれない部分は、やはり「家庭教育」で補っていくしかありません。しかし、ご家族の方からお話を聞く限り、やはり教えられていないことが多く、それも、ご家族自身が問題意識を持っていない様子がうかがえます。そのため、私たちは生徒を中心とした三世代に渡って、様々な意味で価値観を変えていかなければならないのです。

私は、こうした「三世代指導」の大切さを教員たちに伝えています。

学校の指導が家庭のなかにまで踏み込む必要に対して、異論を投げかける方もいるかもしれません。しかし、クラス担任を持ち、保護者との交流も多い林誠廣先生などは、こうした「三世代指導」の必要性を日々肌で感じているようです。

「例えば、ご家族の方に生徒のマナーの悪さをお話したりするんですが、それを聞かれている保護者自身が砕けた姿勢で話を聞いている。『ああ、なるほどな』と。『この子はこうやってマナーという部分を身につけていったんや』と感じる場面があります。だから、僕も『お母さん、この子にも言っていますが、お母さんにも言っておるんですよ』と話すことがある。生徒を指導しようにも、子どもはその意味がわからんのです。

保護者の様子を見て、それを実感します。だから、たとえ僕が相手をする保護者の方より人生経験の少ない人間であろうと、教員としてその親を指導しなければいけない。その対応が今はおじいちゃんおばあちゃんの世代にまでできている。当初、『視野を広げて指導を考えなさい』と太田校長から教えられましたが、結局は、問題となっている根本の原因を突き止めないといけないんです。それが本人だけの問題なのか、保護者に原因があるのか。幅広く、奥深く、しっかり向き合って話し合う。そこから解決しないと、また同じ問題が繰り返されてしまいます」

それでも、やはり教員が上から目線で対応するわけにはいきません。良好な保護者対応を行うためには、やはり生徒と同じように、保護者に対しても、教員は「話を聞いてくれる」存在になる必要があるのです。林先生は、普段から保護者の方とマメに情報交換を行い関係性を築いています。両者の間には常に「子どものために」「生徒のために」という共通認識があります。だから、年齢や性別に関係なく、対等に話し合え、協力し合おうとする気持ちを共有できているのです。

## 「困ったことはないか？」

お昼休み。校長室に4、5名の女子生徒がぞろぞろと入室してきました。入室して間もなく、彼女たちはおもむろに来客用のソファーへ腰をおろします。それぞれ座る位置はいつも決まっており、リーダー的存在の女子生徒は、長い2人掛けのソファーへ横になり、昼寝を始めます。そこでは、何気ない会話が繰り広げられます。授業の話、アルバイトの話、彼氏の話、性にまつわる話。私が校長であるということを忘れているのでしょうか。担任には話せないような内容も、平気で話してしまっています。

そんなときに、コンコンとドアがノックされる音がしました。その音が合図でもあったかのように、彼女たちはソファーから体を起して、素直に退室していきました。

次に入室してきたのは、一人の女性教員。トラブルを起こした生徒の指導について、私のところへ相談にやってきたのです。私は女性には明確な答えを示すよう心がけていますので、そのときも、具体的な指導方針を伝えてあげました。

「そんなことより先生、美容院行きはりましたか？　お似合いですよ、その髪型」

すると、また校長室のドアがノックされました。

女性教員と入れ替わるかたちで、今度は男性の教員が入室してきました。週末に予定している「エンジョイコース」の内容についての相談です。彼は、入室するなり不思議そうな顔をして私にこんなことを聞いてきます。

「さっきの○○先生、何かあったんですか？」

「何がや？」

「いや、ここから出ていくとき、なんだかめっちゃ嬉しそうな顔してはりましたよ。さっき職員室にいたときはやけに不機嫌な顔してはったのに」

「なんや、先生、○○先生の髪型が変わったん気づかなかったんか？」

「――言われてみれば、確かに先週より雰囲気が変わったなと思ってましたが」

「そんならちゃんと口に出して言うてあげな。もっと人に関心を持ちなさい」

夕方になると、今度は一人の大人しい男子生徒が校長室へ入室してきました。校長室の奥の部屋でカメと魚を飼育しているため、彼はその餌やりにやってきたのです。別に当番制ではないのですが、毎年必ず大人しいタイプの生徒がその係を買って出てくれるのです。

「どうや、元気か？」

彼は何も言わず、照れ臭そうに頷きながら私の前を通り過ぎました。

やがて、餌やりが終わった彼が再び私の前に現れました。

「どうや、何か困ったことはないか？」

すると、彼は嬉しそうに答えました。

「ありがとう、先生。今は大丈夫や。でも、何かあったらまた来てええか？」


東朋は、校長室、職員室を常にオープンにし、生徒の出入りを自由にしています。理由は、生徒たちが何か困ったときに、いつでも相談できるようにするためです。そのため、校長室、職員室には、四六時中多くの生徒が出入りします。

「何か困ったことはないか？」これは私の口癖です。別に良い人を演じているわけではありません。「あなたのことを気にしています」という気持ちを、ちゃんと相手に伝えることが大事だと思うからです。それは校長として、生徒だけでなく他の職員に対しても同じように接することを心がけています。そのためか、職員の多くは主任や教頭を飛び越えて、私のところに相談へやってきます。おそらく全国のどの学校と比べてみても、一番職員の出入りが多い校長室ではないでしょうか。

同じように、生徒にとっては職員室が「話を聞いてくれる場所」です。具体的に困っていることがある生徒。ただただ話を聞いてもらいたい生徒。しんどいけど、自分でも何がしんどいのかがわからない生徒。どんな理由でも、とりあえず職員室に行けば何か糸口が見つかるかもしれない。その場で解決しなくても、気になっていた心のしこりを少しは取り除いてもらえるかもしれない。

校長室や職員室に入室してくるときの生徒たちの表情は、最初どこかどんよりと曇っています。そのとき私たちに求められているのは、そこから退室するまでに、いかに彼らの表情を明るく変えてあげられるか。

耳を傾けてあげること。気にかけてあげること。それを伝えるだけでも、子どもとの関係は大きく変わっていきます。

こうした指導法は、すべて私の長い教師生活のなかで少しずつ理解してきたものです。もちろん、初めからすべて上手くできたわけではありません。

校則や厳しい指導が、生徒の将来にとって有効となる時代があったのかもしれません。昔であれば「愛の鞭」と拳骨一つで生徒を指導できた時代もありました。私もそうした時代で育った世代です。そこから覚えたこともたくさんあります。

しかし、時代の変化とともに、教員の思う「生徒のために」や、親の思う「子どものために」といった価値観が通用しなくなってきています。

東朋と同じ大阪市内でも、教員による体罰とそれに伴う生徒の自殺事件が起こり、全国的に大きく取り上げられたこともありました。厳しい指導に対する世間の目はますます厳しくなってきています。長年教員をされている先生のなかには「やりづらくなった」と回顧する方もいるかもしれません。しかし、それは「時代が変わった」のではなく、「子どもが変わった」ことの現れです。

そもそも手を出すことだけが教育では絶対にありません。生徒の声に親身に耳を傾け、「たとえ3年かかったとしても」理解してもらおうとする余裕を持ち、いかに幅広い視野で子どもの可能性に目を向けてあげられるか。

私はそれを実現できる場所こそが、学校であると思っています。

# 最終章　流れ続けるもの

## 「できないこと」は何もない

平成7年1月17日。

この日、私は阪神淡路大震災を経験しました。

震災が発生した朝、私は神戸市内の実家に家族を連れて帰省中でした。私と妻と上の息子は、実家の二階で就寝中に大きな揺れを感じて飛び起きました。慌てて布団を被り、身を守りましたが、そのとき屋根の瓦が自分の真横を流れ落ちていくのを見たのです。また、大きな音とともに、足元へ梁が落ちていくのがわかりました。

妻は自力で抜け出し、私は上の子どもを抱えて布団から出ました。見渡せば、二階はすでにがらんどう。そこで、一階が気になります。私の両親と下の息子が一緒に寝ていたのです。上から声をかけても返事がありません。急いで見に行くと、3人とも畳の下敷きになっていたのです。しかし、幸い近所の方の助けを得て、なんとか3人を救出することができました。家族全員は命からがら家を出ましたが、その数分後に火が回り、実家は全焼。あと数分タイミングが違っていれば、家族全員どうなっていたかわかりません。

私が勤務していた神戸の学校も大きな被害を受けました。校舎は倒壊。後の学校運営は困難と判断され、閉校が決まります。しかし、学校にはまだ多くの在校生が残っています。私は関係者の協力を得ながら、2年をかけてなんとか生徒たちを卒業させることができました。

その間、私は閉校に伴う事務処理を進めるとともに、関係者と協力して2つの学校を設立しています。神戸での経験を通して、様々なビジョンが浮かび、「何か新しい教育ができないか」と、それらを具現化していったのです。

震災後の2年間で、私が学んだことが一つあります。それは、「世の中に起きる出来事に対して、できないことはない」ということ。

この考えが東朋での経験に大きく活かされていきました。

私は東朋に赴任後、たくさんの「できない」を聞いたように思います。教員からの「できない」、保護者からの「できない」、そして、生徒自身の「できない」。しかし、私はそうした言葉のほとんどを信用しませんでした。そんなはずはない。誰も「可能性」に目を向けていないだけだと――。

平成12年。東朋は、生徒数減少から学校の閉校へ踏み切ります。私は当時の副校長、岡崎顕正氏（現理事長）を説得し、「あと1年だけ」という約束で、学校運営を続けさせてもらいました。先述した通り、その際に顕正氏が出した条件とは、「翌年の生徒数が１００を切ったら店仕舞い」というものでした。

与えられた猶予のなかで、私と泉孝雄先生が生活指導やカリキュラムの改善、愛知県と長野県の学校を視察し、その後「不登校傾向生徒受け入れクラス」を設置するなどの対応を行った経緯は、これまでにお話しした通りです。

しかし、実は翌年の全校生徒数は92名でした。たった８名、足らなかったのです。顕正氏は本当に閉校の手続きに入りました。しかし、私はもう一度顕正氏を説得し、あと1年だけ、学校運営を続けさせてもらったのです。

そして、その翌年の平成14年。全校の生徒数は１１９名になりました。その後、数年は横ばいの状態が続きましたが、徐々に東朋の新しい教育が認知され始めると、関西圏から多くの生徒が入学してくるようになったのです。平成25年には生徒数が４００を超えました。およそ10年で4倍にまで増えたのです。

私は、前任の校長が体調不良により現場を離れたため、実質、赴任した翌年の平成10年から全体の指揮をとりました。その後、平成14年に校長代理、平成18年から正式に校長職に就き、現在に至ります。

当時の理事長、岡崎顯道氏と、後に理事長となる顯正氏は、その後も多くの学校運営を私に一任してくれました。しかし、前理事長の顯道氏は、私が赴任してから12年後、脳梗塞のため他界されました。１００歳の大往生でした。

私は顯道氏、顯正氏のことが今でも大好きです。もともとの本職は寺院の住職。２人はいつも仏教人らしく、決して偉ぶることもなく、冗談も通じました。「好きなようにせぇ――」。私が何かに困ると、２人は必ずその言葉を返してくれたのです。特に私が退職を申し出ようと、顯道氏のお寺まで足を運んだ日のことは、今でも忘れることができません。

そして、学校改革の多くをともに歩み、最大のパートナーとなった泉孝雄先生は、東朋の新しい教育が軌道に乗り始めた平成22年の３月、若い頃からの夢であった整骨院開業のため、東朋を退職されました。彼は東朋高等専修学校の存在意義を誰よりも理解している方でした。現在は、八尾市の自宅で「いずみ整骨院」を営みながら、ときどき教員研修の一環で「救急法」を教えに東朋へ顔を出しています。

彼とまとめたＢ４用紙のメモは、今でも大切に保管しています。

すべてはこの１枚が始まりでした。

## 自立支援の始まり

さて、東朋を運営する学校法人岡崎学園の歴史は、昭和21年、「コンドル洋裁女学校」という服飾系専門学校を設立したことが始まりです。

創立者で初代理事長の岡崎顕道氏は、大阪市天王寺区にある浄土宗・超善寺（現・顯祥寺）で住職を営んでいました。

昭和20年8月15日。大阪市一帯は、空襲により見渡す限りの焼け野原となりました。顕道氏が関係していた5つの寺院のうち、4寺院は全焼。しかし、唯一、自坊の超善寺だけが、柱一本しっかりと残されていたと言います。「今、生かされ、何かせよという仏の声」。残された一本の柱を前に使命感に燃えた顕道氏は、「宗教家に相応しい有意義なものは教育」との着眼点から、終戦翌日の8月16日から学校設立に着手します。

当時、市内は戦争で夫を失った戦災未亡人、外地引揚者など、家計的な基盤を失った女性たちで溢れていました。顕道氏はそうした女性たちの早期自立を助けようと、「コンドル洋裁女学校」を設立。服飾文化の向上に貢献するには洋裁学校が良いと判断したのです。後に顕道氏が学園創立50周年を記念して、それまでの功績をまとめて発行された『回想記』(平成8年発行）には、「敗戦した日本はアメリカ風になる。和服から洋服へ。モンペから衣服更生へ」との言葉が残されています。

開校後、「コンドル」への入学希望者はあとを絶ちませんでした。夜間部、日曜講座を開いても教室は学生でいっぱいになりました。学生の在籍数は最高時で1，500名にまで膨れ上がり、後に大阪有数の洋裁学校として名をはせることになります。

その運営方針も実に驚かされることばかり。昭和21年から24年までの3年間は、当時の大阪府援護課との協力で、延べ625名の生徒から授業料を取らず、洋裁を無料教授。さらに学生のなかには子どもを持った女性もいたため、校内には託児所が設けられたと言います。また、学生の進路に合わせて「毎日授業」「隔日授業」「夜間部毎日授業」「六カ月達成科」「日曜講座」など、様々な授業形態を用意。その後も服飾文化貢献のため、早くからファッションショーや作品展などを積極的に行いました。

また、服飾の世界はいつの時代にも流行がつきもの。デザインや洋裁の研究は常に欠かさず、先を走る東京の学校にも足を運び、著名な講師を招いては講習会などを開催しています。

その後も時代の変化に合わせて、校名変更、専修学校化、高等課程の設置、技能連携、新コース設置など、少しずつ学校はその様相を変えていきました。一時は主婦向けにフラワー教室も行っていたと言います。

そんな顯道氏は『回想記』の結びに、こんなことを記しています。

「憶《おも》えば流行は十年を転機として移り変わるように思う。専修学校の経営は一歩先の事を考えてゆかねばならない。難しい学校であり、先見の明と実行経営の手腕がいる。21世紀を前にして時代に即応した教育を実施していかねばならない」


ここまで書いて、少しお気づきになる点があるかと思います。

つまり、岡崎学園は戦後の設立から、いつの時代も社会のニーズに応えた教育を実践していたのです。最初の「コンドル洋裁女学校」の設立由来は、戦後市内に残った戦災未亡人たちの自立支援。その後も、授業形態の多様化、託児所の設置など、常に学生のニーズに応えていました。「コンドル洋裁女学校」の設立は戦後最大の援護事業とされ、当初、顯道氏は学校設置認可まで、寺の改築、府や銀行との交渉、教材運び、学生募集すべてを一人で担いました。

すべては、戦争で明日を失った「困っている」人たちのため。

ただ、時代のニーズに対応しつつも、世間の持つ既存の価値観には決してとらわれませんでした。

そもそも戦後間もなく「洋服」というジャンルに目を向けたことは、まさに「先見の明」と呼ぶべきでしょう。しかし、当時の日本にはまだモンペ文化が残っており、学校設立当初は「坊さんが洋裁学校」「寺町が洋裁の生徒で一杯」と揶揄されるなど、世間の目は冷たかったようです。さらに顯道氏は、「洋服を着て歩くには、真直ぐ歩く習慣を身につけるべきだ」と、放課後、学生たちに寺の本堂でダンスを踊らせます。「コンドル」は開校直後より世間から多くの注目を集めていたため、些細な出来事でも新聞各紙で大々的に報じられました。批評欄には「仏の尊厳を傷つけるもの、浄土宗の宗義に反する坊主は僧籍を剥奪すべし」との文句が毎日掲載されたようです。

しかし、顯道氏はそうした批判に怯むことなく、また、それによって世間に迎合することもなく、自分の信じた道を突き進んでいったのです。

私は決して、これらの史実を知ったうえで、東朋へ赴任したわけではありません。また、こうした顯道氏の精神を意識して、その後の学校改革に取り組んだわけでもありません。しかし、岡崎学園の歴史を辿れば辿るほど、私がこれまで取り組んできた様々な出来事に対する深い縁を感じられずにはいられないのです。

私は先に、「世の中に起きる出来事に対して、できないことはない」と述べました。それは戦後間もなく、焼け野原となった大阪で一人、知り合いのミシン会社からミシンを運んだ顯道氏も同じだったのではないでしょうか。

そして令和2年春、岡崎学園は創立74年を経て、初めて高等学校を設立することになりました。子どもたちの新たなニーズに応えるための通信制高校「東朋学園高等学校」です。私が高校設立を模索し始めたのは数年前。当初5年計画で進めていきましたが、「5年と思って本当に5年かけては遅い」と思い、動き出しから3年で開校まで漕ぎつけたのです。

この学校には、いつの時代も「困っている人たちを救え」「社会のニーズに応えよ」というメッセージが、そのDNAのなかに根深く、力強く流れ続けているのだと思います。

# あとがき――「縁」

この本を出版するにあたり、学びリンクの山口教雄社長、企画部の三浦哉子さん、編集部の小林建太さんには本当にお世話になりました。ありがとうございました。

一生の間で、まさか自分が本を出版するなどとは思いもせず、今でも不思議な気持ちです。各人には上手いこと言われ、おだてられ、木に登ってしまいました。

本を出版しようと思ったきっかけは、中学校、高校、専修学校、専門学校、大学、その他教育機関など、多くの教育関係者から東朋の教育活動に興味を持ってもらえるようになったことです。「現在やっている教育を最初からやってはったんですか?」とか、「なぜ生徒さんが急に増えたんですか?」「その発想はどこから出てくるんですか?」と言われることが増え、学校見学や講演で話をする機会が非常に多くなってきたのです。そんなとき、最初に御礼を述べた3人から「この時代（少子化）に生徒数が増えているなんて考えられないですよぉ～」などと、乗せられたかたちでスタートしてしまいました。

そこで、もともと私も一度スタートすると後戻りしたり、ゆっくり進めていくタイプではありませんので、こうして出版する運びとなりました。


この本のなかには出てこない内容で、あとがきをしたいと思います。

私が生きていくなかで一番大切にしていることについて触れてみます。

それは「縁」です。

私が現在の岡崎学園にお世話になったこと、その後の教育内容の変化や改革、そしてこの本を出版するようになったのも、すべて、いろんな人たちと巡り会えたからこそできたのだと思っています。私一人の力だけでは知れています。大したこともありません。きっと実現できなかったものばかりだと思います。いろんな人たちと巡り会えることで、様々な意見や考えを聞くことができ、物事をいろんなかたちで進めていくことができました。一人の意見だけでは、たかが知れており、考えが狭く、浅くなってしまいます。縁があって巡り会えた人を大切にすることで、協力体制もできていきます。私の判断はそこからです。

私は物事をいくら知っていても、実行しなければ何も変わらないと思っています。

東朋に入学してくる生徒が変化しているのに、教員側が変われないのであれば、東朋の教師としては必要ありません。しかし、本書でも述べたように、生徒の変化に対応できる教員が集まってくれたのも、そこに「縁」があるからだと思います。

最後に、私が教師になろうと思ったきっかけを書かせてもらいます。

私は小学校、中学校、高校、大学と、16年間、大好きな野球をやっていました。夢はプロ野球選手。「野球で飯を食っていくんだ」と本気で考えていました。しかし、高校のときに現実を思い知らされ、「プロなんてとんでもない」と自分の能力に気づかされます。その後、「自分は野球以外で何ができるか」を考えたとき、小学校で出会った、ある先生のことを思い出しました。野球が好きになったのもこの先生の影響です。

勉強が苦手だった私は、体育だけは誰にも負けない自信がありました。そのため「この道しかない」「保健体育の先生になって、小学校のときに出会った先生のようになりたい」と思うようになります。

その後、私は神戸の学校で初めて教師になります。本書でも述べた通り、自分の描いていた教師像とは随分と違う世界に飛び込みました。しかし、その学校は、その後の教師人生を続けるうえで、大きな基盤となる場所でした。

そして、現在の岡崎学園でお世話になることになったある日、私の息子が通う小学校で、私が教師を志すきっかけとなった先生に再会します。その先生は息子の小学校の校長先生になっておられました。これも「縁」だと思います。そして、再会の折に、私はその校長先生にある質問をしました。その答えが、それまで私が行ってきた教育内容に大きな自信を与えてくれたのです。

その質問とは「教育で大切なものは何だと思いますか？」というものでした。

そして、校長先生は次のように答えてくれたのです。

「学力を上げることも大切だけど、私は自立する力をつけてあげることが、最も大切だと思うよ」

この言葉を聞いたとき、私はこれからの教育に必要な大きなヒントをもらったように思います。

# 後　注

1－専修学校 ……………………… 専修学校は職業や実際生活で必要な能力の育成、教養の向上を図ることを目的としている学校。そのうち中学校卒業者が入学する高等課程（高等専修学校）は、全授業の約３分の２が専門分野に関する知識や技術を学ぶ時間となっている。専門分野は「工業」「農業」「医療」「衛生」「教育・社会福祉」「商業実務」「服飾・家政」「文化・教養」の８分野に区分される。

2－大学入学資格付与指定校 … 高等専修学校のうち修業年限が３年以上で、文部科学大臣が指定した学科の修了者は、高校卒業者と同様に大学入学資格が得られる。

3－技能連携制度 ……………… 高等学校の定時制、通信制で学ぶ生徒が、各都道府県の教育委員会が指定する技能教育施設（主に専修学校、民間教育施設など）で教育を受けた場合、その施設での学習が高校の教科の一部の履修とみなすことができる制度。

4－合理的配慮 ………………… 障がいのある人の人権や社会生活が、障がいのない人と同じように保障されるために、それぞれの特性に応じた必要な配慮が行われること。

5－登校日数 …………………… 単位制・通信制高校の場合、年間約20日間の登校（スクーリング）が基準となる。そのうちＮＨＫテレビ・ラジオの高校講座やインターネット授業などの放送視聴を行うと、さらに60%から80%登校回数を減らすことも可能。

※本書は初版（二〇一五年三月発行）より一部改訂を行いました。
高等学校開校に伴い、新たに序章が追記されています。

第1章以降については、初版時より変更があった生徒数、教員数、教育内容をはじめ、必要に応じて修正を加えています。

「困っている」子どものこと 一番に考えられますか？

発達障がい、不登校、元気な子…
すべての生徒に独自のインクルーシブ教育を 【改訂版】

2015年3月2日 初版第1刷発行
2020年4月1日 改訂版第1刷発行

著　者　太田功二
発行者　山口教雄
発行所　学びリンク株式会社
〒102-0076 東京都千代田区五番町10番地 2F

電話 03-5226-5256 FAX 03-5226-5257
ホームページ http://manabilink.co.jp/
ポータルサイト https://www.stepup-school.net/
印刷・製本　株式会社 秋巧社
表紙デザイン　藤田 康（株式会社 日新）
表紙イラスト　南 如子

乱丁・落丁本はお取替えします。